Dr.Müfit YILDIRIMALP

Yabancılara Pratik Türkçe Dersleri

A Practical Course In Turkish

ISBN : 975-553-051-7
HAŞET KİTABEVİ AŞ. 1988
DORUK YAYINCILIK 1991 / ANKARA

Orjinal Adı : A Practical Course In Turkish
Yabancılara Pratik Türkçe Dersleri
Yazarı : Dr.Müfit YILDIRIMALP
Basım Yılı : Temmuz 1996

Dizgi : GOŞA - (0312) 418 05 52
Kapak Tasarımı : Namık Kemal Sarıkavak
Basım Yeri : Emel Matbaacılık
Yayınevi Adresi : Sakarya Cad. 36/11 06420 Yenişehir/Ankara
Tel-Fax: (0.312) 435 24 97 - (0.312) 432 14 50

Dr.Müfit YILDIRIMALP

Yabancılara Pratik Türkçe Dersleri

/

A Practical Course In Turkish

 DORUK

PREFACE

The author, Dr. Müfit YILDIRIMALP, developed this book over a period of 10 years, gaining practical experience in teaching Turkish both in İstanbul and Ankara. and in the United States at the Defence Language Institute, Washington, D.C.

This book is designed for a 90-hour course taught by native speaking language instructors. It is intended for use by students who have a knowledge of English and who have had no prior training in the Turkish language. It aims to help them acquire a practical command of the spoken language in everyday affairs. To this end, it provides instruction and drills, dialogues, grammar, vocabulary, and reading.

The early reading passages offer a wide variety of subject matter related to common situations likely to be encountered in Turkey; the latter reading passages are designed to give a knowledge of Turkish historical, geographical and social background.

HOW TO USE THIS BOOK

The aim of this book is to teach Turkish in a practical way. Grammar is taught inductively.

There are 24 units in the book, and each unit is composed of five main sections consisting of:

1. Dialogues
2. Reading
3. Drills
4. Grammar
5. Vocabulary

DIALOGUES

First of all, the teacher gives the definition of the words in the Dialogue. Then the teacher reads the Dialogue slowly and clearly while the students listen. The students repeat each word after the teacher, a minimum of three times. After the pronunciation problem is solved, the students are required to memorize the meanings of the words. Now the teacher reads the sentences of the Dialogue slowly, while the students repeat them after him, trying to comprehend the meaning. Finally, the teacher reads the Dialogue at a normal, conversational speed, three times and the students repeat it after him.

To enable the students to learn the sentences quickly, they are asked to practise in pairs.

The next day before starting on a new unit, the previous dialogues are repeated for a minimum of 10-15 minutes.

READINGS

To enable students to practise and at the same time avoid the monotony of the patterns in the Dialogues, a significant amount of reading material has been included in this book.

To learn the words and expressions in the Reading sections, the method used, is similar to the one used in learning the Dialogues.

After the Reading section is taught, students are required to narrate what they remember, using their own vocabulary.

Vocabulary for the Dialogues and Readings.

New words that appear in the Dialogue and Reading sections in each unit, is given as Vocabulary following these pieces.

Questions on the Dialogues and Reading Material

These questions help the students understand the reading material, as well as helping them build up their own questions. Every day, a minimum of fifteen minutes should be devoted to these questions, and this technique should be carried out throughout the entire course.

DRILLS

Great importance is given to these drillls, especially to the substitution drills, which help the students build up more sentences in accordance with the patterns.

GRAMMAR

The most important sections pertaining to grammar are given in this book in the form of very brief notes.

In a very simple form, without going into detail and explanation, grammar is taught in an inductive manner. These sections are supplemented with drills and exercises, and will enable the students to have enough grammatical experience and knowledge to apply to the new grammar patterns they will come across later on.

SUPPLEMENTARY VOCABULARY

Each unit includes a random choice of Turkish words and, idioms used in everyday conversation to help develop the vocabulary of the students.

APPENDIX

An appendix consisting of "Useful Expressions" and miscellaneous 'Readings and Dialogues' appears at the end of the book. This reading material and vocabulary may be studied along with the appropriate individual units, or on its own to help further the command of the language.

Müfit Yıldırımalp, M.S.
Languages and Linguistics
Georgetown University-1988

TABLE OF CONTENTS
İÇİNDEKİLER

suffix /(-a,ı)r/
On past participle with
suffix /(-mi)/ "since"
Verbal Conjuctive Suffix
/Y/
Drill on /(y)ıp/
While is in two forms
While (as) irregular verb
When is in two forms
When + regular verb
Neither ... nor
Both ... and
Either ... or
The /DİYE/ Quotation
Relative pronouns, "WHO" "WHOM"
"WHOSE" "THAT"
The use of "HOW to do something"
Drill on "WHATEVER", "WHOEVER",
"WHEREEVER", "WHICHEVER",
"WHENEVER"
The usage of "ENOUGH"
Special usage of "AS SOON AS",
"WHEN"
"As.. as," "Whenever... gradually"
"UNLESS"
The usage of "TOO" as an Adverb
of Excess in a negative sense

DERS 16

TÜRKİYE HARİTASI
DÜĞÜN
BİR ARKADAŞI ZİYARET
AVRUPA'YA BİR GEZİ
TREN İSTASYONU
ARKADAŞIMIN BABASI
AMERİKAN HASTANESİ
GRAMER

UNIT 16

"A Map of Turkey"
"A Wedding"
"A Visit to a Friend"
"A Trip to Europe"
"Railway Station"
"My Friend's Father"
"The American Hospital"
Grammar
  * /DA/ "also"*
  * Possessive Compounds*
  * The infinitive Verb +*

Ayşe : *Günaydın Ali.*
Ali : *Günaydın Ayşe.*
Ayşe : *Bugün nasılsınız?*
Ali : *Çok iyiyim. Teşekkür ederim. Siz nasılsınız?*
Ayşe : *Ben de iyiyim. Teşekkür ederim.*
Ali : *İyi günler, Allahaısmarladık.*
Ayşe : *Size de, güle güle efendim.*

gün .... *day*
aydın .... *bright*
günaydın .... *good morning*
efendim.. *sir, madam, miss*
nasıl... *how*
nasılsınız?.................................... *How are you?*
teşekkür ederim .... *I thank...*
ben de... *I, too*
çok.. *much, many, a lot of, very*
iyi.. *good, well, fine*
Allah .... *God*
allahaısmarladık .... *goodbye (said bay the person leaving)*
size de.. *same to you*
güle güle...................................... *goodbye (said by the person staying)*
yeni... *new*
kelimeler...................................... *vocabulary*

Nasılsınız? / "How are you"

Ali : Merhaba, nasılsınız?
Mehmet : İyiyim. Teşekkür ederim. Siz nasılsınız?
Ali : Ben de iyiyim. Bugün hava nasıl?
Mehmet : Bugün hava çok güzel, güneşli.
Ali : Okul nasıl?
Mehmet : Okul çok büyük ve temiz.
Ali : Öğretmen şişman mı?
Mehmet : Hayır, öğretmen şişman değil, zayıf.

Ayşe	:	Bu nasıl bir lokanta?
Ali	:	Çok temiz bir lokanta
Ayşe	:	Çok büyük mü?
Ali	:	Hayır, büyük değil, temiz bir lokanta
Ayşe	:	Hangi lokanta daha temiz?
Ali	:	Bu lokanta daha temiz.
Ayşe	:	Hangi okul daha büyük?
Ali	:	Bu okul daha büyük.

Gramer / Grammar

A BASIC PATTERN TO MAKE A PHRASE
The article in Turkish is BİR: "A, an"

bir ev	a house
bir çocuk	a child
bir adam	a man
bir kız	a girl
bir kitap	a book
bir defter	a notebook
bir kalem	a pen
bir otel	a hotel
bir taksi	a taxi
bir lokanta	a restaurant
bir okul	a school
bir öğretmen	a teacher
bir öğrenci	a student
bir portakal	an orange

Nasıl **bir**	ev**(dir)**?	*What kind of a house*
Nasıl **bir**	çocuk**(tur)**?	*What kind of a child*
Nasıl **bir**	adam**(dır)**?	*What kind of a man*
Nasıl **bir**	kız**(dır)**?	*What kind of a girl*
Nasıl **bir**	kitap**(tır)**?	*What kind of a book.*
Nasıl **bir**	defter**(dir)**?	*What kind of a notebook*
Nasıl **bir**	kalem**(dir)**?	*What kind of a pen*
Nasıl **bir**	otel**(dir)**?	*What kind of a hotel*
Nasıl **bir**	taksi**(dir)**?	*What kind of a taxi*
Nasıl **bir**	lokanta**(dır)**?	*What kind of a restaurant*
Nasıl **bir**	okul**(dur)**?	*What kind of a school*
Nasıl **bir**	öğretmen**(dir)**?	*What kind of a teacher*
Nasıl **bir**	öğrenci**(dir)**?	*What kind of a student*
Nasıl **bir**	portakal**(dır)**?	*What kind of an orange*

Bazı sıfatlar   *some Adjectives*

temiz	*clean*	dolu	*full*
şişman	*fat*	soğuk	*cold*
sıcak	*hot*	eski	*old*
pahalı	*expensive*	geniş	*large, big, broad*
iyi	*good*	güzel	*pretty, beautiful*
çirkin	*ugly*	ucuz	*cheap, inexpensive*
zayıf	*thin*	dar	*narrow, tight*
uzun	*long*	küçük	*little, small*
yeni	*new*	karanlık	*dark*
büyük	*big*	boş	*empty*
pis	*dirty*	aydınlık	*bright*

Drill on Adjectives:

QUESTION
HOW + Article + Noun

ANSWER
Adjective + Article + Noun

Nasıl **bir**	ev?		Güzel	**bir**	ev.
Nasıl **bir**	çocuk?		İyi	**bir**	çocuk.
Nasıl **bir**	adam?		Şişman	**bir**	adam.
Nasıl **bir**	kız?		Çirkin	**bir**	kız.
Nasıl **bir**	kitap?		Büyük	**bir**	kitap.
Nasıl **bir**	defter?		Temiz	**bir**	defter.
Nasıl **bir**	otel?		Pis	**bir**	otel.
Nasıl **bir**	sinema?		Büyük	**bir**	sinema
Nasıl **bir**	lokanta?		Temiz	**bir**	lokanta.
Nasıl **bir**	öğretmen?		İyi	**bir**	öğretmen.

Comprasion of Adjectives and Adverbs:

1. The Comprative Degree

The comparative degree of an adjective is formed by placing "daha-more" in front of the adjective.

Adj.or Adv.

Comparative Form

iyi	*good*	**daha** iyi		*better*
büyük	*big*	**daha** büyük		*bigger*
temiz	*clean*	**daha** temiz		*cleaner*
güzel	*pretty*	**daha** güzel		*prettier*
çirkin	*ugly*	**daha** çirkin		*uglier*
akıllı	*intelligent*	**daha** akıllı		*more intelligent*
çalışkan	*industrious*	**daha** çalışkan		*more industrious*
yavaş	*slow*	**daha** yavaş		*slower*
sakin	*calm*	**daha** sakin		*calmer*

2. The Superlative Degree

The superlative degree of an adjective or an adverb is formed by placing "en-most" in front of the adjective or the adverb.

Adj.or Adv.		Suparlative Form	
iyi	good	en iyi	the best
büyük	big	en büyük	the biggest
temiz	clean	en temiz	the cleanest
güzel	pretty	en güzel	the prettiest
çirkin	ugly	en çirkin	the ugliest
akıllı	intelligent	en akıllı	the most intelligent
çalışkan	industrious	en çalışkan	the most industrious
çabuk	quick	en çabuk	the quickest
yavaş	slow	en yavaş	the slowest
sakin	calm	en sakin	the calmest

Examples:

iyi	daha iyi	en iyi
büyük	daha büyük	en büyük
temiz	daha temiz	en temiz
güzel	daha güzel	en güzel
çirkin	daha çirkin	en çirkin
akıllı	daha akıllı	en akıllı
çalışkan	daha çalışkan	en çalışkan
çabuk	daha çabuk	en çabuk
yavaş	daha yavaş	en yavaş
sakin	daha sakin	en sakin

The Interrrogative Form of Adjectives:

Adjective	English Equivalent	Interrogative Ending	
pahalı	(expensive)	mı?	(Is it expensive?)
ucuz	(cheap)	mu?	(Is it cheap?)
güzel	(pretty)	mi	(Is it pretty?)
küçük	(small)	mü?	(Is it small?)

The Negative Form of Adjectives:

Adjective	English Equivalent	Negative Maker
pahalı	(expensive)	değil.
ucuz	(cheap)	değil.
güzel	(pretty)	değil.
küçük	(little)	değil.
kısa	(short, brief)	değil.

Another Pattern in Forming the Negative of Adjectives:

Note: Special usage, Not applicable to all adjectives.

Adj.	Eng.Equiv.	moun	Neg. Suffix	Eng.Equiv.
akıllı	(intelligent)	akıl	-sız	(stupid)
suçlu	(guilty)	suç	-suz	(innocent)
terbiyeli	(polite)	terbiye	-siz	(impolite)
güçlü	(strong)	güç	-süz	(weak,feeble)

Apply the pattern above to the following adjectives:

cesaretli	(courageous)	— — — —	(without courage, coward)
renkli	(colourful)	— — — —	(colourless)
mutlu	(happy)	— — — —	(unhappy)
tozlu	(dusty)	— — — —	(dustless)
başarılı	(successful)	— — — —	(unsuccessful)
saygılı	(respectful)	— — — —	(disrespectful)
ütülü	(ironed)	— — — —	(unironed)
örtülü	(covered)	— — — —	(uncovered)

Interrogative and Negative forms of Adjectives:

Adjective	English Equivalent	Negative Maker	Interrog. Suffix
pahalı	(expensive)	değil	mi?
ucuz	(cheap)	değil	mi?
değerli	(valuable)	değil	mi?
ütülü	(ironed)	değil	mi?

Apply tpe pattern above, to the adjectives you have learnt in this unit.

Demonstrative Adjectives:

Bu — — this

Şu — — that

O — — that

(Bu, şu, o, *are also used in plural form.*)

Bu çocuk çalışkandır.	*Tihs child is industrious.*
Şu çocuklar çalışkandır(lar).	*These children are industrious*
Şu çocuk çalışkandır.	*That child is industrious*
Bu oğlanlar çalışkandır(lar).	*Those boys are industrious.*
O çocuk akıllıdır.	*That child is intelligent.*
O tabaklar kirlidir.	*Those dishes are dirty.*

Demonstrative Pronouns

Subjective Case		*Objective Case*		*Dative Case*	
Bu	*-this*	**Bunu**	*-this*	**Buna**	*-(to)this*
Bunlar	*-these*	**Bunları**	*-these*	**Bunlara**	*-(to)these*
Şu	*-that*	**Şunu**	*-that*	**Şuna**	*-(to)that*
Şunlar	*-those*	**Şunları**	*-those*	**Şunlara**	*-(to)those*
O	*-that*	**Onu**	*-that*	**Ona**	*-(to)that*
Onlar	*-those*	**Onları**	*-those*	**Onlara**	*-(to)those*

Bu nasıl bir şey?	*What kind of a thing is this?*
Bunu nerede buldun?	*Where did you find this?*
Şu güzel bir elbise(dir)	*That is a pretty dress.*
Şunu rafa koy.	*Put that on the shelf.*
O iyi bir adamdır.	*That (he) is a good man.*
Onları bana ver.	*Give those to me.*
Bunları mutfağa götür.	*Take these to the kitchen.*
Şunlar çok ekşi .	*Those are very sour.*
Şunları düzelt lütfen.	*Correct those please.*
Onlar çok pahalı(dırlar).	*Those are very expensive.*
Onları bakkaldan satın aldım.	*I bought those at the grocer.*

The Turkish alphabet is made up of eight vowels and twenty one consonants. Most of the consonants have much the same value as in English, and the vowels have much the same value as in French or Italian. While letters including (Q), (W) and (X) do not appear in the Turkish alphabet, there are six additional letters, namely (ç),(ğ),(ı),(ş),(ö) and (ü). There are also other letters which exist in the English alphabet, but are pronounced differently.

The Turkish alphabet:

A B C Ç D E F G Ğ H I İ J K L M N O Ö P R S Ş T U Ü V Y Z.
a b c ç d e f g ğ h ı i j k l m n o ö p r s ş t u ü v y z.
The actual sounds of the Turkish language are represented by the above symbols.

The Phonemic System:

1. Vowels: "sesli harfler"
   a) Voiceless : p t (k) k s ş ç f h
   b) *Voiced*   : b d (ğ) g z j c v l m n r y

Pronunciation Drill on Vowels:

(i)		(ü)	
Gişe	*ticket counter*	ütü	*iron*
Ekşi	*sour*	dün	*yesterday*
Kişi	*Person*	bugün	*today*
Taksi	*taxi*	sütçü	*milkman*
(e)		**(ö)**	
beyaz	*white*	kömür	*coal*
bez	*cloth*	köşe	*corner*
meze	*snack, hors d'oeuvre*	gök	*sky*
ne	*what*	börek	*salty pastry*
(ı)		**(u)**	
kısım	*part*	kulak	*ear*
bıçak	*knife*	kuzu	*lamb*
kış	*winter*	çocuk	*child*
kız	*girl*	su	*water*

(a)			(o)	
cam	*glass*		oda	*room*
cevap	*answer*		çok	*very, much*
hafta	*week*		on	*ten*
hasta	*patient*		son	*last*

To form a comparison, the ablative suffix "-den,-dan,-ten,-tan" is attached to the noun or pronoun which is being compared.

Subject	Noun or Pronoun compared	*than* ablative	*more*	Adj. or Adv.	Verb
Amerika	Fransa	**-dan**	**daha**	büyük	**-tür,**
Ahmet	Mehmet	**-dan**	**daha**	uzun	**-dur,**
Ankara	İstanbul	**-dan**	**daha**	soğuk	**-tur,**
Ben	sen	**-den**	**daha**	güzel	**-im.**
O	ben	**-den**	**daha**	az	**uyudu.**
O	ben	**-den**	**daha**	çok	**yedi.**

Most of the time we omit the word "daha", and instead use " -den, -dan, -ten,-tan".

Süt kahve**den** iyidir.

Hilton, Karaca Oteli'n**den** büyüktür.

Lise Ortaokul**dan** zordur.

Televizyon radyo**dan** faydalıdır.

Subject	Limiter	the most Adj.	Qualified Noun	Verb
Boğaziçi	İstanbul'un	**en** büyük	üniversitesi	**-dir.**
Ocak	yılın	**en** soğuk	ayı	**-dir.**
Ayşe	okulun	**en** güzel	kızı	**-dir.**
İzmir	Türkiye'de	**en** güzel	şehir	**-dir.**

ezberlemek	*to memorize*
boru	*pipe*
kira	*rent*
kalorifer	*radiator*
satılık	*for sale*
duş	*shower*
yararlı	*useful*
lavabo	*washbasin*
su	*water*
kayısı	*apricot*
muz	*banana*
pazarlık etmek	*to bargain*
kasap	*butcher*
lahana	*cabbage*
karanfil	*carnation*
karnıbahar	*cauliflower*
kiraz	*cherry*
vişne	*sour cherry*
mısır	*corn*
salatalık	*cucumber*
dereotu	*dill*
çiçek	*flower*
üzüm	*grape*
greypfrut	*grapefruit*

Öğretmen	:	*Merhaba efendim, iyi akşamlar.*
Ahmet	:	*O! Merhaba, hoşgeldiniz.*
Öğretmen	:	*Hoşbulduk, nasılsınız?*
Ahmet	:	*İyiyim, teşekkür ederim. Siz nasılsınız?*
Öğretmen	:	*Teşekkür ederim. Ben de iyiyim.*
Ahmet	:	*Allahaısmarladık, iyi geceler.*
Öğretmen	:	*Size de, güle güle.*

Merhaba	*Hello*
efendim	*sir, madam*
iyi	*fine,good, well*
akşam	*evening*
akşamlar	*evenings*
O!	*Oh!*
Hoş geldiğiniz	*welcome*
Hoş bulduk	*We're glad to be here.*
allaha ısmarladık	*goodbye (said by the person leaving)*
güle güle	*goodbye (said by the person staying)*

Merhaba / "Hello"

Ayşe	:	*Merhaba John, nasılsın?*
John	:	*İyiyim, teşekkür ederim.*
Ayşe	:	*Bugün hava nasıl?*
John	:	*Çok iyi, güneşli.*
Ayşe	:	*Çok sıcak mı?*
John	:	*Hayır, çok sıcak değil, normal.*

30

Ayşe : Sinema Nerede?
John : Hangi sinema?
Ayşe : Kent Sineması
John : İşte orada
Ayşe : Kent sineması büyük mü?
John : Hayır, çok büyük değil ama çok temiz bir sinema.
Ayşe : Çok teşekkür ederim.
John : Rica ederim.

Gramer / Grammar

The Plural Suffix

The plural suffix *"LER"* or *"-LAR"* shows an indefinite plurality. The difference between *"-LER"* or *"-LAR"* is due to "vowel harmony" Vowel harmony is really important for the sound system of the Turkish language. This feature of the language will be explained later but in brief: Suffixes having this kind of vowel harmony wil have the vowel "e" after any front vowel *"i, e, ü, ö"*, and the vowel "a" after any back vowel *"ı, a, u, o"*. This is illustrated in the following noun plurals.

Singular noun	Plural noun
çocuk	çocuk**lar**
adam	adam**lar**
kız	kız**lar**
kitap	kitap**lar**
defter	defter**ler**
kalem	kalem**ler**
otel	otel**ler**
otobüs	otobüs**ler**
taksi	taksi**ler**
gün	gün**ler**
gece	gece**ler**

Rule: If a number is used in front of a noun, the noun is used in the singular and the plural suffix- *"-LER"* or *"-LAR"* is not used.

çocuk	çocuk**lar**
kız	kız**lar**
otel	otel**ler**

but; üç çocuk, dört kız, beş otel.

*Questions with **WHERE?** and **WHICH?***

	QUESTION		QUESTION	
Noun	**WHERE?**	**WHICH?**	Noun	
Ev	nerede?	Hangi	ev?
Çocuk	nerede?	Hangi	çocuk?
Sinema	nerede?	Hangi	sinema?
Otel	nerede?	Hangi	otel?
Deniz	nerede?	Hangi	deniz?
Gişe	nerede?	Hangi	gişe?
Okul	nerede?	Hangi	okul?
Kitap	nerede?	Hangi	kitap?
Lokanta	nerede?	Hangi	lokanta?
Otobüs	nerede?	Hangi	otobüs?

Sinema nerede? / "Where is the Cinema?"

Öğretmen	:	*İyi akşamlar.*
Mehmet	:	*İyi akşamlar efendim, buyrun.*
Öğretmen	:	*Afedersiniz, sinema nerede?*
Mehmet	:	*Hangi sinema?*
Öğretmen	:	*Saray Sineması.*
Mehmet	:	*İşte orada.*
Öğretmen	:	*Teşekkür ederim.*
Mehmet	:	*Rica ederim. (Bir şey değil efendim)*

Afedersiniz	*excuse me.*
işte orada	*there it is.*
rica ederim	*you're welcome*
bir şey değil	*I beg you*
	don't mention it

Rule: *If a noun is modified by another noun, and the modified noun ends with a consonant, it always takes* **"i, ı, ü, u"** *when it ends with a wovel. It always takes* **"si,sı,sü,su"**

Examples:　Hilton Oteli
Karaca Lokantası
Atatürk Heykeli
Çiçek dükkanı
Fransız okulu
Şişli Otobüsü
Saray Sineması
At arabası
Atatürk Kütüphanesi
İş Bankası

bir	(1)	*one*
iki	(2)	*two*
üç	(3)	*three*
dört	(4)	*four*
beş	(5)	*five*
altı	(6)	*six*
yedi	(7)	*seven*
sekiz	(8)	*eight*
dokuz	(9)	*nine*
on	(10)	*ten*

bakkal	grocer's, grocer
limon	lemon
yeşil salata	lettuce
marul	romain lettuce
çarşı	market
et	meat
kavun	melon
karpuz	watermelon
nane	mint
para	money
soğan	onion
portakal	orange
diğer, başka	other
maydanoz	parsley
şeftali	peach
armut	pear
bezelye	peas
sığır eti	beef
biftek	beefsteak
hesap	bill
acı	bitter
beyin	brain
tavuk(piliç)	chicken
pirzola	chop(s)
pişirmek	to cook
bakan	minister
belli	known
harp (savaş)	war
havuz	pool
tat	taste
siyaset	politics
sıkıntı	trouble, distress
haşlanmış	boiled

hırsız	*thief*
iktisadi	*economic*
kaçmak	*to escape*
sandık	*box, trunk*
saçma	*nonsense*
ölmüş	*died, dead*
ödünç	*loan*
mezun olmak	*to graduate*
mal	*goods, property*
kurulmak	*to be founded*
kurulamak	*to dry*
iltifat etmek	*to compliment*
zayıf	*weak, skinny*
yaralanmak	*to be wounded*
üzülmek	*to be sorry*
utanmak	*to be ashamed*
usanmak	*to become bored with*
sürat, hız	*speed*
zevk almak	*to enjoy*

Günler, Aylar, Mevsimler /
"Days, Moths, Seasons"

HAFTANIN GÜNLERİ   *The Days of the Week*

Pazartesi	*Monday*
Salı	*Tuesday*
Çarşamba	*Wednesday*
Perşembe	*Thursday*
Cuma	*Friday*
Cumartesi	*Saturday*
Pazar	*Sunday*
Question:	*Answer:*
Bugün ne?	*(Bugün) Pazartesi*
"What day is today?"	*"Today is Monday".*

AYLAR   *The Months*

Ocak	*January*
Şubat	*February*
Mart	*March*
Nisan	*April*
Mayıs	*May*
Haziran	*June*
Temmuz	*July*
Ağustos	*August*
Eylül	*September*
Ekim	*October*
Kasım	*November*
Aralık	*December*

Question	Answer
Hangi aydayız?	Ocak ayındayız. (Ocak'tayız.)
(Which month are we in?)	*We are in January.*
bugün ayın kaçı?	Bugün ayın yirmi dördü.
or:	*or:*
Bugün Ocak'ın kaçı?	Bugün Ocak'ın yirmi dördü.
"What is the date today?"	*"It's the 24th of January."*

MEVSİMLER *The Seasons*

İlkbahar	*Spring*
Yaz	*Summer*
Sonbahar	*Autumnn*
Kış	*Winter*

GRAMER Grammar

There Is, There Are

VARDIR (var)	*There is, there are*
VAR MIDIR (var mı?)	*Is there? Are there?*
YOKTUR (yok)	*There is not (isn't)*
	There are not (aren't)
YOK MUDUR (yok mu?)	*Isn't there? Aren't there?*

Five Forms of the Question **WHERE?**
NERE- *This is the singular root of the question* **Where** *and is never used without an ending.*

NEREDE- *"In, on, at where?". It asks the locality of the subject, and is always used together with verb* **"to be"**, *and the verbs that give a* **"-de, -da"** *ending to the object.*

NEREYE- *"To, towards where?", It asks to where the action of the subject is directed, and is used together with the verbs that give an* **"-e,-a,-ye,-ya"** *ending to the object. (Dative verbs.)*

NEREYI- " *Where?*" *It is always used with the verbs that give an "-i,-ı,-yi, -yı" endings to the object (Accusative verbs.)*

NEREDEN- "*From where?, out of where*" . *It asks from where, or out of where the action is taking place. Endings* "*-den, or -dan*" *usulally plays the role of prepositions* "*from*" *and* "*out of*".

NERESI- "*Where?*", *meaning what place, which country, city, room, etc. Or, it points out a part of a whole.*

Since the question "**Where?**" *has five forms, it has five forms of its answers* "*here*" *and* "*there*"

BURA-This is the singular root of the word "***here***", *and is never used without the appropriate ending. In answering the question* "**where?**", *BURA always takes the same ending as NERE takes in its question form.*

BURADA- "*In, on, at here*" *It answers to where the action of the subject is directed, and is used together with dative verbs (-e,-a-ye-ya with the object.)*

BURAYI "*Here*" . *It is always used together with accusative verbs (-i-ı,-yi,-yı with the object).*

BURADAN- "*From, out of there*" .*The ending* "*-dan*" *plays the role of prepositions-from, and out of-in the answer.*

BURASI- "*here*", *meaning the place, (country, city, district, room, etc.) or part of a whole.*

Note: *BURA-* *the root for* "*here*"
        ŞURA- *the root for* "*here*" *(pointing to a nearby object)*
        ORA-   *the root for* "*here*" *pointing to a faraway object, or an object stated by someone else.*

These three roots take the same endings shown above, and they reflect the same sense.

Burada	Buraya	Burayı	Buradan	Burası
Şurada	Şuraya	Şurayı	Şuradan	Şurası
Orada	Oraya	Orayı	Oradan	Orası

NERE- *The unused root (question)*

BURA, ŞURA, ORA- *the unused roots (answer)*

Nerede?	Burada	Şurada	Orada
Nereye?	Buraya	Şuraya	Oraya
Nereyi?	Burayı	Şurayı	Orayı
Nereden?	Buradan	Şuradan	Oradan
Neresi?	Burası	Şurası	Orası

Nerede oturuyorsunuz?	**Şurada** oturuyorum. Köşede.
Nereye bakıyorsunuz?	**Buraya** bakıyorum. Kitaba.
Kitap nerede?	**Burada,** masada.
Pencereden nereyi görüyorsunuz?	**Şurayı** görüyorum. Sokağı.
Nereden geliyorsunuz?	
Terziden mi?	Evet, **oradan** geliyorum.
Neresi soğuk?	**Burası** soğuk.
Burası neresi?	
Taksim mi?	Hayır, **burası** Taksim değil. **Burası** Osmanbey.

Note: **NERESİ-"The place, the part of a whole,"** *can also take the endings shown below.*

Neresi- *What place, what part of a whole.*
Neresine- *to what part of a whole (with Dative verb)*
Neresini- *what part of a whole (with Accusative verb)*
Neresinden- *from or out of what part of a whole, a place.*

Plurals: The plural form of the root **"Nere"** *is* **"Nereler".** *It is always used together with is appropriate endings.*

NERELERDE- plural-localities of objects.
NERELERE- plural-directions-plural object, with Dative verbs.
NERELERİ- plural object with Accusative verb (plural for-nereyi)
NERELERDEN- from, out of-plural object
NERELERİ- (plural for neresi-what places, which parts of a whole)

Plural forms of the roots **BURA, ŞURA,** *and* **ORA:**

Buralar	Buralarda	Buralara	Buralardan	Buraları
Şuralar	Şuralarda	Şuralara	Şuralardan	Şuraları
Oralar	Oralarda	Oralara	Oralardan	Oraları

Articles

There are no articles in Turkish. When the noun is placed in the objective case, it receives a definite conception. When the object of the verb is indefinite, it is in the nominative case by itself, or preceeded by **"bir"**
(a or an).

KİTAP   BİR KİTAP   KİTABA   KİTABI

Kitap nerede?	*Where is the book? (definite book)*
Burada (bir) kitap var mı?	*Is there a book here? (indefinite book)*
Kitaba bakıyorum.	*I am looking at the book. (definite book)*
Kitabı görüyorum.	*I see the book. (definite book)*

DRILL on Vocabulary

OTEL   **Burada** bir otel var.
            Burada bir otel var mı?
            Burada bir otel yok.
            Burada bir otel yok mu?

OKUL   **Orada** bir okul var.
            Orada bir okul var mı?
            Orada bir okul yok.
            Orada bir okul yok mu?

TAKSİ	Şurada bir taksi var.
	Şurada bir taksi var mı?
	Şurada bir taksi yok.
	Şurada bir taksi yok mu?

Answer the questions below in Affirmative and Negative forms:

ÖRNEK "Example"   Buralarda bir sinema var mı?

Evet, **buralarda** bir sinema var.

Hayır, **buralarda** bir sinema yok.

1. Orada bir okul var mı?
2. Şişli'de bir postane var mı?
3. Taksim'de bir pastane var mı?
4. Buralarda bir okul var mı?
5. Chicago'da güzel bir otel var mı?
6. Orada küçük bir kız var mı?
7. Burada temiz bir lokanta var mı?
8. Okulda bir öğretmen var mı?
9. Londra'da büyük bir hastane var mı?
10. Orada büyük bir ev var mı?

BURALARDA BİR..... VAR MI?

"Is there a... around here?"

Sıtkı	:	*Buralarda bir hastane var mı?*
Füsün	:	*Nasıl bir hastane?*
Sıtkı	:	*Büyük ve temiz bir hastane*
Füsun	:	*Buralarda çok hastane var.*
Sıtkı	:	*Hangi hastane yakın?*
Füsun	:	*İki hastane çok yakın.*
Sıtkı	:	*Nerede?*
Füsun	:	*İşte orada. Köşede.*
Sıtkı	:	*Çok teşekkür ederim.*
Füsun	:	*Rica ederim. Güle güle.*

buralarda .... *around here*
hastane .... *hospital*
yakın .... *near*
uzak .... *far*
köşede .... *on the corner.*

1. Buralarda bir hastane var mı?
2. O nasıl bir hastane?
3. Buralarda çok hastane var mı?
4. Kaç hastane var?
5. Yakın mı, uzak mı?
6. Hastane nerede?

GÜNLER, AYLAR, MEVSİMLER

"Days, Months, Seasons"

Bir ayda dört hafta vardır. Bir haftada yedi gün vardır. Haftanın birinci günü Pazartesi, ikinci günü Salı, üçüncü günü Çarşamba, dördüncü günü Perşembe, beşinci günü Cuma, altıncı günü Cumartesi ve son günü Pazar'dır. Pazartesi haftanın ilk günüdür. Bir günde yirmi dört saat vardır.

Bir yılda on iki ay vardır. Birinci ay Ocak ve on ikinci ay Aralık'tır.

Bir yılda dört mevsim vardır. Birinci mevsim ilkbahar, ikinci mevsim yaz, üçüncü mevsim sonbahar ve son mevsim kıştır.

gün	*day*
ay	*month*
yıl (sene)	*year*
mevsim	*season*
birinci	*first*
ikinci	*second*
üçüncü	*third*
dördüncü	*fourth*
beşinci	*fifth*
altıncı	*sixth*
yedinci	*seventh*
sekizinci	*eighth*
dokuzuncu	*nineth*
onuncu	*tenth*
on birinci	*eleventh*
on ikinci	*twelfth*
son	*end, last*
sonuncu	*the last*
diğer	*the other*

Sorular / Questions

1. Bir ayda kaç hafta vardır?
2. Bir haftada kaç gün vardır?
3. Haftanın birinci günü nedir?
4. Haftanın diğer günleri nelerdir (hangileridir?)
5. Bir yılda kaç ay vardır?
6. Yılın ilk ve son ayları nelerdir? (hangileridir?)
7. Bir yılda kaç mevsim vardır?
8. Birinci ve sonuncu mevsimler nelerdir? (hangileridir?)
9. Diğer mevsimler nelerdir? (hangileridir?)
10. Bir ayda kaç gün vardır?

Sayılar / Numbers

1	bir	*one*
2	iki	*two*
3	üç	*three*
4	dört	*four*
5	beş	*five*
6	altı	*six*
7	yedi	*seven*
8	sekiz	*eight*
9	dokuz	*nine*
10	on	*ten*
11	on bir	*eleven*
12	on iki	*twelve*
13	on üç	*thirteen*
:	:	:
:	:	:
:	:	:
20	yirmi	*twenty*
30	otuz	*thirty*
40	kırk	*forty*
50	elli	*fifty*
60	altmış	*sixty*
70	yetmiş	*seventy*
80	seksen	*eighty*
90	doksan	*ninety*
100	yüz	*one hundred*
200	iki yüz	*two hundred*
300	üç yüz	*three hundred*
400	dört yüz	*four hundred*
500	beş yüz	*five hundred*
:	:	:
:	:	:
:	:	:
1000	bin	*one thousand*

Ayfer : *Otel nerede?*
Necla : *Hangi otel?*
Ayfer : *Hilton Oteli.*
Necla : *Hilton Oteli işte orada.*
Ayfer : *Hilton Oteli nasıl? İyi mi?*
Necla : *Evet, büyük, temiz ve iyi bir otel ama biraz pahalı.*
Ayfer : *Pahalı mı?*
Necla : *Evet, çok pahalı.*
Ayfer : *Ne kadar (Kaça?)*
Necla : *Bir gece için altı milyon lira*
Ayfer : *Gerçekten çok pahalı. Neyse ,teşekkür ederim.*
Necla : *Rica ederim.*

Yeni Kelimeler / Vocabulary

gerçekten   *really*
işte orada   *there it is.*
ne kadar (kaça)?   *how much?*
bir gece için   *for a night*
neyse   *anyway.*

Sorular / Questions

1. Hilton Oteli nerede?
2. Hilton Oteli ucuz mu, pahalı mı?
3. Gecesi kaç lira?
4. Hangi otel büyük ve temiz?
5. Hilton Oteli küçük ve ucuz mu?

çanta	handbag
kemer	belt
bulüz	blouse
sütyen	bra
düğme	button
kasket	cap
manto, palto	coat
yaka	collar
biletçi	ticket collector
güverte	deck
elbise	dress
eldiven	gloves
mendil	handkerchief
şapka	hat
ceket	jacket
ruj	lipstick
kolye	necklace
dikiş iğnesi	needle
cep	pocket
pudra	face powder
çengelli iğne	safety pin
makas	scissors
gömlek	shirt

Rıza : *Afedersiniz.*

Nezihe : *Buyrun efendim.*

Rıza : *Kent Sineması nerede?*

Nezihe : *Kent Sineması, biraz ilerde, sağda.*

Rıza : *Kent Sineması nasıl, güzel mi?*

Nezihe : *Büyük ve güzel bir sinema.*

Rıza : *Acaba kaç lira?*

Nezihe : *İki yüz bin lira.*

Rıza : *Ucuz mu?*

Nezihe : *Evet, ucuz*

Rıza : *Buralarda başka sinema var mı?*

Nezihe	:	*Hayır, buralarda başka sinema yok, fakat tiyatro var.*
Rıza	:	*Hangi tiyatro?*
Nezihe	:	*Devlet tiyatrosu. Sol tarafta köşede büyük bir bina.*
Rıza	:	*Ne oynuyor?*
Nezihe	:	*Çok enteresan bir oyun var.*
Rıza	:	*Memnun oldum, teşekkür ederim.*
Nezihe	:	*Rica ederim.*

Yeni kelimeler / Vocabulary

biraz ilerde	*a little ahead*
acaba	*I wonder*
başka	*any other*
tiyatro	*theatre*
devlet	*government*
bina	*building*
ne oynuyor?	*what's playing?*
enteresan	*interesting*
memnum oldum	*I am glad*

Alışveriş / "Shopping"

Ahmet	:	Buralarda büyük bir mağaza var mı?
Ayşe	:	Buralarda çok büyük mağazalar var.
		Ne almak istiyorsunuz?
Ahmet	:	Alışveriş yapmak istiyorum. O mağazada diş fırçası ve diş macunu var mı?
Ayşe	:	Tabii var. O mağazada herşey var.
Ahmet	:	Mağaza nerede?
Ayşe	:	Sinemanın yanında, sağ tarafta. Sinemanın altında bir lokanta var. Lokantada güzel yemekler var. O temiz bir lokanta.
Ahmet	:	Sandviç ve limonata var mı ve fiyatlar nasıl?
Ayşe	:	Sandviç ve limonata da var. Fiyatlar fena değil.
Ahmet	:	Çok teşekkür ederim.
Ayşe	:	Rica ederim.

Yeni kelimeler / Vocabulary

almak	to buy
Ne almak istiyorsunuz?	What do you want to buy?
mağaza	shop
alışveriş	shopping
istemek	to want
alış veriş yapmak	to do shopping
diş fırçası	toothbrush
diş macunu	toothpaste
tabi	of course
herşey	everything
yemek	meal
sandviç	sandwich
limonata	lemonade
fiyat	price

Rıza	:	*Afedersiniz.*
Nezihe	:	*Rica ederim, buyrun.*
Rıza	:	*Otel nerede?*
Nezihe	:	*Hangi otel?*
Rıza	:	*Hitit Oteli.*
Nezihe	:	*Sağ tarafta, köşede.*
Rıza	:	*Hitit Oteli pahalı mı?*
Nezihe	:	*Çok değil.*
Rıza	:	*Kaç lira?*
Nezihe	:	*Gecesi iki milyon lira.*
Rıza	:	*Ucuz doğrusu.*
Nezihe	:	*Evet, ucuz ve güzel bir otel.*

afedersiniz	*excuse me*
rica ederim, buyrun	*please go ahead*
sağ	*right*
sol	*left*
taraf	*side*
sağ taraf	*right side*
sağ tarafta	*at the right side*
sol tarafta	*at the left side*
çok değil	*not much*
pahalı	*expensive*
köşe	*corner*
köşede	*at the corner*
gecesi	*per night*
ucuz	*inexpensive*
ucuz doğrusu	*really inexpensive.*

DRILL on Vocabulary

-AFEDERSİNİZ	*Excuse me.*
Afedersiniz, bu ne?	*Excuse me, what is this?*
Afedersiniz, siz kimsiniz?	*Excuse me, who are you?*
Afedersiniz, otel nerede?	*Excuse me, where is the hotel?*
-SAĞ	*right*
sağda	*on the right*
sağ tarafta	*on the right side*
Okul sağ tarafta	*the school is on the right side.*
-SOL	*left*
solda	*on the left*
sol tarafta	*on the heft side*
Otel sol tarafta	*the hotel is on the left side*

-TARAF	*side*
sağ taraf	*right side*
sol taraf	*left side*
Bu taraf	*this side*
o taraf	*that side*
-UCUZ	*inexpensive*
ucuz otel	*inexpensive hotel*
ucuz lokanta	*inexensive restaurant*
-PAHALI	*expensive*
çok pahalı	*very expensive*
pahalı mı?	*is it expensive?*

Otel Sinemanın Yanında
"The Hotel is Next to the Cinema"

Sağ tarafta, köşede, çok büyük, temiz ve güzel bir otel var. Otel hemen sinemanın yanında. Bu çok temiz bir otel. Bu otelin önünde bir dolmuş var. Dolmuşun içinde iki adam, iki hanım ve iki çocuk var. Otel çok ucuz, gecesi iki milyon lira.

	immediately
hemen şimdi	rightaway, right now.
yanında	next to, beside
önünde	in front
temiz	clean
büyük	big
-nın	of
-nın önünde	in front of ...
otelin önünde	in front of the hotel
içinde	inside
dışında	outside
adam	man
hanım	lady
çocuk	child

Sorular / Questions

1. Sağ tarafta ne var?
2. Otel nerede?
3. O nasıl bir otel?
4. Sinemanın yanında ne var?
5. Otelin önünde ne var?
6. Dolmuş nerede?
7. Dolmuşun içinde kim var?
8. Otel ucuz mu? Gecesi kaça?

DRILL on "WHERE?" and "WHICH?"

Reminder:	Nerede	Where?
	Nereye	To where?
	hangi	Which?
	hangisi	Which?

Otel **nerede?**	**Hangi** otel?
Okul **nerede?**	**Hangi** okul?
İstasyon **nerede?**	**Hangi** istasyon?
Lokanta **nerede?**	**Hangi** lokanta?
Sinema **nerede?**	**Hangi** sinema?
Dolmuş **nerede?**	**Hangi** dolmuş?

Hangi otel pahalı?
Hangi okul yakın?
Hangi otobüs ucuz?
Hangi istasyon uzak?
Hangi lokanta iyi?
Hangi sinema daha iyi?

Otel	**sağ tarafta**	Otel	**sol tarafta**
Okul	**sağ tarafta**	Okul	**sol tarafta**
Sinema	**sağ tarafta**	Sinema	**sol tarafta**

Okul	**sağ tarafta** köşe başında
Sinema	**sağ tarafta** köşe başında
İstasyon	**sağ tarafta** köşe başında
Otel	**sağ tarafta** köşe başında
Postane	**sağ tarafta** köşe başında

- Otel nerede?
- Otel sağ tarafta.
- Otel sol tarafta.
- Otel köşe başında.
- Otel sağ tarafta, köşe başında.
- Otel sol tarafta, köşe başında.

Otel hangi tarafta?
- Otel sağ tarafta.
- Otel sol tarafta.
- Otel köşe başında, sağ tarafta.

Buralarda bir otel var mı?
- Evet, sağ tarafta, otel var.
- Evet, sağ tarafta, köşe başında otel var.
- Evet, sol tarafta, otel var.
- Evet, sol tarafta, köşe başında otel var.

DRILL on Vocabulary

-İLK
büyük
bina
ilk büyük bina

- DÖNMEK
dön
sağa dönün
sola dönün

- SAĞ
sağ taraf
sağ tarafta
saf tarafta otel var.
sağ tarafta küçük ve temiz bir otel var.

-KÖŞE
köşe başında
köşe başında otel var.
köşe başında büyük bir otel var.

-BÜYÜK
büyük bina
büyük bina sağ tarafta
büyük bina sağ tarafta, köşe başında
büyük bina sol tarafta
büyük bina sol tarafta, köşe başında.

Clue	(Nasıl?)	(Nerede?)
Otel	....	....
Okul	....	....
Lokanta	....	....
Sinema	....	....
Bina	....	....

Multiple Substitution Drill

			(1)	(2)
Sol tarafta	bir	otel	var	var mı?
Sağ tarafta	....	....	....	
Köşe başında	....	....	....	
		okul	var.	
....	....	sinema		....
Köşe başında		sinema	....	var mı?
	büyük		var	
Buralarda	bir	lokanta	....	....
....			....	....
....	hiç	....	....	....

Completion Drill

Buralarda	bir	otel	....	....
....	....	....	....	
....	....	....	....	
Sol tarafta	bir	....	var.	

Gramer / Grammar

Changes in Consonants
(p),(t),(k),(ç) are consonants that are replaced by their voiced counterparts (b),(d),(ğ),(c), when vowel-begining suffixes are attached to these roots or stems.

p-b	şarap	*wine*	şarabı
t-d	dört	*four*	dördü
k-ğ	sokak	*street*	sokağı
	kulak	*ear*	kulağı
ç-c	ağaç	*tree*	ağacı
nk-g	renk	*colour*	rengi
	ahenk	*harmony*	ahengi
	çelenk	*wreath*	çelengi

Ek kelimeler / Supplementary Vocabulary

daire	*apartment*
apartman	*apartment building*
koltuk	*armchair*
balkon	*balcony*
yatak	*bed*
yatak adası	*bedroom*
temiz	*clean*
dolap	*closet*
soğuk	*cold*
yemek odası	*dining-room*
elektrik	*electricity*
musluk	*tap*
şömine	*fireplace*
kat	*floor*
möbleli(döşenmiş)	*furnished*
bahçe	*garden*
sıcak	*hot*
ışık	*light*
oturma odası	*light-room*
hizmetçi	*maid, servant*
ayna	*mirror*
yeni	*new*
yeni	*old*
oyun	*game,play*

Ayşe   : Afedersiniz, buralarda lokanta var mı?
Nurdan : Var efendim. Doğru gidin. Sol tarafta.
Ayşe   : Acaba postane nerede?
Nurdan : Sağa dönün. Sağda ilk büyük bina.
Ayşe   : Sinemanın yanında mı?
Nurdan : Hayır, sinemanın yanında değil. Okulun yanında.
Ayşe   : Sinemanın yanında ne var?
Nurdan : Sinemanın yanında Kent Oteli var.

buralarda	*around here*
doğru	*straight*
gidiniz	*go (Imperative form)*
doğru gidin	*go straight*
acaba	*I wonder*
dönün	*turn (Imperative from)*
sağa	*to the right*
ilk	*first*
bina	*building*
yanında	*beside, next to*
sinemanın yanında	*next to the cinema*
evet	*yes*
hayır	*no*
kütüphane	*library*

Ne var / "What is there"

Perapalas Oteli Tepebaşı'nda. O çok eski bir otel ama büyük, temiz ve tarihi bir otel. Tek kişilik ve iki kişilik odaları var. Büyük bir lokantası da var. Otelin sağında Amerikan Konsolosluğu, solunda büyük bir araba parkı var. Araba parkında çok taksi, araba, minibüs ve otobüs var. Otelin önünde bir taksi var. Taksinin içinde bir şoför, bir kadın, bir adam ve iki çocuk var.

eski	*old*
tarihi	*historical*
tek kişilik oda	*single room*
çift kişilik oda	*double room*
Amerikan Konsolosluğu	*American Consulate*
araba parkı	*parking lot*
minibüs	*minibus*
şoför	*driver*

Sorular / Questions

1. Otel nerede?
2. O nasıl bir otel?
3. Pera Palas tarihi bir otel mi?
4. Otelin sağında ne var?
5. Otelin solunda ne var?
6. Araba parkında ne var?
7. Taksiler, arabalar ve minibüsler nerede?
8. Amerikan Konsolosluğu nerede?
9. Araba parkı nerede?
10. Otelin önünde ne var?
11. Taksinin içinde ne var?
12. Bir adam, bir kadın ve iki çocuk nerede?

DRILL on "THERE IS", "THERE ARE"

Buralarda sinema var mı?
- Evet, çok güzel bir sinema var.
- Hayır, buralarda sinema yok.
Buralarda okul var mı?
- Evet, çok büyük bir okul var.
- Hayır, buralarda okul yok.
Buralarda lokanta var mı?
- Evet, çok temiz bir lokanta var.
- Hayır, buralarda lokanta yok.
Buralarda kütüphane var mı?
- Evet, çok büyük bir kütüphane var.
- Hayır, buralarda kütüphane yok.

Buffers (Kaynaştırma Harfleri)

With a few exceptions, two vowels never follow each other in a word. In these cases buffers are used. Here are three buffers in Turkish, and they are Y,N,S.

-Y -*is the buffer for indefinite usage:*

sinema	*cinema*	sinemaya	*to the cinema*
tiyatro	*theatre*	tiyatroya	*to the theatre*

-N -*is the buffer for specific usage:*

Hilton oteli	***"Hilton Hotel"***	**Hilton Oteli'ne**	to the Hilton Hotel
İş Bankası	*İş Bank*	İş Bankasına	to İş Bankası

-S-*is the buffer for specific usage:*

sargı	***bandage***	kol sargısı	arm bandage
şişe	*bottle*	süt şişesi	milk bottle
fırça	*brush*	diş fırçası	tooth brush

Examples:

Sinemaya gitmiyorlar. Tiyatroya gidiyorlar.
They are not going to the cinema. They are going to the theatre.

Bahçeye bakmıyorum. Kapıya bakıyorum.
I am not looking at the garden. I am looking at the door.

Atatürk Kültür Merkezi'ne giriyoruz.
We are entering Atatürk Kültür Merkezi

Taksim Meydanı'na geliyoruz.
We are coming to Taksim Square.

Süt şişesi temiz.
The milk bottle is clean.

Saç fırçası, diş fırçasından daha büyük.
A hair brush is bigger than a toothbrush.

Prepositions:

üstünde	*on, over*
altında	*under*
yanında	*beside, next to*
-e,-a,-ye,-ya	*to*
-den,-dan	*from*
içinde	*into*
dışında	*outside*
civarda	*nearby*
ile	*with, by*
-den dışarı	*out of*

Drill on Prepositions:

Üstünde / On, over

Masanın üstünde bir kitap var.

Sinemanın üstünde bir kulüp var mı?

Defterin üstünde bir kalem yok.

Masanın üstünde ne var?

Masanın üstünde bir büyük defter var.

Kitabın üstünde bir kalem var mı?

Evet, küçük bir kalem var.

Nehrin üstünde bir köprü var.

Şehrin üstünde bulut var mı?

Evet, çok büyük bir bulut var.

Altında / Under

Masanın altında ne var?
Masanın altında bir kalem ve bir kitap var.
Kitabın altında bir kalem var mı?
Evet, uzun bir kalem var.
Lokantanın altında bir sinema var.

Yanında / "Beside, next to"

Sinemanın yanında ne var?
Sinemanın yanında dar bir sokak var.
Okulun yanında ne var?
Parkın yanında ne var?
Parkın yanında bir taksi var.

-E,-A,-YE,-YA   "To"

Ev	Eve	*to the house*
Okul	okula	*to school*
Sinema	sinemaya	*to the cinema*
lokanta	lokantaya	*to a restaurant*
bahçe	bahçeye	*to a garden*
iskemle	iskemleye	*to a chair*

-DEN,-DAN   "From"

okul	okuldan	*from the school*
sinema	sinemadan	*from the cinema*
ev	evden	*from home*
bahçe	bahçeden	*from the garden*
lokanta	lokantadan	*from the restaurant*
pencere	pencereden	*from the window*

İçinde / "Inside"

Taksinin içinde bir şoför var.

Okulun içinde çocuklar var.

Lokantanın içinde kim var?

Lokantanın içinde iki adam ve iki hanım var.

Okulun dışında çocuklar var.
Parkın dışında çok araba var.
Taksinin dışında bir şoför var mı?
Evde, taksinin dışında bir şoför var.

Civarında, çevresinde / "Nearby, around"

Sinemanın civarında/çevresinde ne var?
Sinemanın civarında/çevresinde çok adam ve çocuk var.
Okulun civarında/çevresinde ne var?
Okulun civarında/çevresinde çocuklar var.

-İLE (-LE,-LA,-YLE,-YLA) "by, with"

otobüs	ile	(otobüsle)	by bus
taksi	ile	(taksiyle)	by taxi
öğretmen	ile	(öğretmenle)	with the teacher
mektup	ile	(mektupla)	by letter
posta	ile	(postayla)	by mail
elbise	ile	(elbiseyle)	with the dress

-DEN,(-DAN) DIŞARI "Out of"

okuldan dışarı	out of the school
pencereden dışarı	out of the window
Amerika'dan dışarı	out of the U.S.A.

-NIN,-NİN,-İN,-IN,-NUN,-NÜN,-ÜN,-UN "of"

sinemanın	(vowel + nın)	otobüsün	(consonant + ün)
taksinin	(vowel-nin)	okulun	(consonant + un)
evin	(consonant + in)	ütünün	(wovel + nün)
kitabın	(consonant + ın)	borunun	(vowel + nun)

The İmperative Mood of Verbs

Affirmative Form

Infinitive	Eng. Equiv.	Mood1 (Singular)	Mood2 (Plural)	Mood3 (Formal)
yürümek	to walk	yürü	yürü(y)ün	yürü(y)ünüz
gitmek	to go	git	gidin	gidiniz
okumak	to read	oku	oku(y)un	oku(y)unuz
yazmak	to write	yaz	yazın	yazınız

Note: *Mood 3 is the formal way of singular and plural.*

Apply the above pattern to the infinitives given below:

yüzme**k**	*to swim*
geçme**k**	*to cross, to pass*
uyuma**k**	*to sleep*
koşma**k**	*to run*
süpürme**k**	*to sweep*
bağırma**k**	*to shout, to scream*
konuşma**k**	*to speak*
oynama**k**	*to play (a game)*
dönme**k**	*to turn*
yemek yeme**k**	*to eat*

Make sentences in the Imperative mood with the above words.

Negative Form

Infinite	Eng. Exuiv.	Mood1 (Singular)	Neg. Suffix	Mood2 (Plural)	Mood3 (Formal)
yürümek	*to walk*	yürü	me	yürüme(y)in	yürüme(y)iniz
gitmek	*to go*	git	me	gitme(y)in	gitmeyiniz
okumak	*to read*	oku	ma	okuma(y)ın	okumayınız.
yazmak	*to write*	yaz	ma	yazma(y)ın	yazmayınız.

Note: *Mood 3 is the formal way of singular and plural.*

Drill on the Imperative Mood

Form sentences using the pairs of words below:

Example : Türkçe-Ayşe

Şimdi gidin(iz), Türkçe öğretmeni Ayşe Hanım'ı görün(üz).

Fransıza	-Jale
Almanca	-Gönül
Rusça	-İnci
İngilizce	-Pınar
Arapça	-Sevim

Repeat:

Lütfen hızlı yürümeyin(iz). Yavaş yürüyün(üz)
Lütfen pencereyi açmayın(ız). Kapıyı açın(ız).
Lütfen mektup yazmayın(ız). Ders çalışın(ız).
Lütfen bu akşam gitmeyin(iz). Yarın gidin(iz).
Lütfen İngilizce konuşmayın(ız). Türkçe konuşun(uz).
Lütfen kalem vermeyin(iz). Kitap verin(iz).

Okuma / Reading

YÖN "Direction"

Şimdi okuldasınız. Okuldan çıkın ve sola dönün. Biraz ilerde trafik ışığı var. Trafik ışığından sağa dönün ve biraz yürüyün. Sonra ilk yoldan sola dönün ve doğru gidin. Bu Atatürk Bulvarı'dır. Sağ tarafta, köşede, büyük bir postane var. Postaneden sağa dönün ve doğru gidin. Sol tarafta İş Bankası var. Onu geçin ve doğru gidin. Sağ tarafta ilk büyük bina kütüphanedir.

Yeni Kelimeler / Vocabulary

şimdi	*now*
okuldasınız	*you are in school*
dönün	*turn (Imperative)*
çıkın	*come out (Imperative)*
biraz ilerde	*a little further ahead*
trafik ışığı	*traffic lights*
yürüyün	*walk (Imperative)*
sonra	*then*

ilk	*first*
yol	*road*
ilk yoldan	*from the first road*
doğru	*straight*
gidin	*go (Imperative)*
doğru gidin	*go straight (Imperative)*
geçin	*pass (Imperative)*
onu geçin	*pass it (Imperative)*
kütüphane	*library*

Ek sözlük / Supplementary Vocabulary

çıkmaz sokak	*dead end*
giriş	*entrance*
çıkış	*exit*
benzinci	*gas station*
azami sürat	*maximum speed*
mecburi istikamet	*follow this road*
klakson çalınmaz	*no horn*
sağa dönülmez	*no right turn*
durmak yasaktır	*no stopping*
taşıt giremez	*no vehicle*
tek yön	*one way*
park yeri	*parking*
park yapılmaz	*no parking*
geçilmez	*no passing*
yaya geçidi	*pedestrian crossing*
kaldırım	*pavement*
yavaş	*slow*
yol inşaatı	*road under construction*

DERS 6 * UNIT 6

Siz Kimsiniz? Siz Nesiniz?
"Who are you?" "What are you"

Canan	:	Siz kimsiniz?
Öğretmen	:	Ben Müfit Yıldırımalp'in.
Canan	:	Ne iş yapıyorsunuz?
Öğretmen	:	Öğretmenim.
Canan	:	Ne öğretiyorsunuz?
Öğretmen	:	Türkçe öğretiyorum.
Canan	:	Türkçe kitabı nerede?
Öğretmen	:	Masanın üstünde.
Canan	:	Türkçe kolay mı?
Öğretmen	:	Hayır, kolay değil.
Canan	:	Teşekkür ederim.

Kimsiniz?   : *Who are you?*
iş   : *Job*
yapmak   : *to make, to do*
öğretmen   : *teacher*
öğretmek   : *to teach*
öğrenci   : *student*
öğrenmek   : *to learn*
kolay   : *easy*

Siz Neredesiniz? / "Where are you"

Canan : Neredesiniz?
Ayşe   : Kim? Ben mi?
Canın : Evet, siz.
Ayşe   : Ben öğrenciyim.
Canan : Nerede?
Ayşe   : Robert Lisesi'nde.
Canan : Ne öğreniyorsunuz?
Ayşe   : İngilizce, Türkçe, Tarih, Coğrafya, Matematik, Fizik, Kimya,
         Müzik, Spor ve Resim.
Canan : Okulunuz nerede?
Ayşe   : Arnavutköy'de.
Canan : Arnavutköy nerede?

Ayşe	:	İstanbul'da, Boğaz'da.
Canan	:	İsminiz ne?
Ayşe	:	Ayşe.
Canan	:	Memnum oldum. Hoşçakalın.
Ayşe	:	Ben de. Güle güle.

Hasta mısınız? "Are you sick?"

Doktor	:	Buyrun efendim. Hoş geldiniz.
Nilgün	:	Hoş bulduk, doktor bey.
Doktor	:	Neyiniz var, hasta mısınız?
Nilgün	:	Biraz hastayım.
Doktor	:	Mesleğiniz ne?
Nilgün	:	Sekreterim.
Doktor	:	Çok mu çalışıyorsunuz? Çok yoruluyor musunuz?
Nilgün	:	Evet, çok çalışıyorum, ama çok yorulmuyorum. Çünkü işimi çok seviyorum.
Doktor	:	Yorgun görünüyorsunuz. Size bir tablet veriyorum. Günde üç tane alın. Bir kahvaltıdan önce, bir öğle yemeğinden önce ve bir tane de akşam yemeğindenö nce.
Nilgün	:	Buralarda eczane var mı?
Doktor	:	Evet, biraz ilerde sağ tarafta köşede büyük bir eczane var.
Nilgün	:	Çok teşekkür ederim. Borcum ne kadar?
Doktor	:	İki milyon lira.
Nilgün	:	Buyrun. Hoşçakalın.
Doktor	:	Teşekkür ederim. Güle güle.

Buyrun	*Please come in, please go ahead*
Neyiniz var?	*What is the matter with you?*
Hasta mısınız?	*Are you sick?*
biraz	*a little*
meslek	*profession, job, occupation*
sekreter	*secretary*
çalışmak	*to work, to study*
yorulmak	*to get tired*
yorgun olmak	*to be tired*
iş	*work*
yorgun görünmek	*to look tired*
günde	*in a day*
kahvaltıdan önce	*before breakfast*
Borcum ne kadar?	*How much do I owe you?*

Gramer / Grammar

Personal Pronouns

Personal pronouns are declined in six in Turkish. The diffrent cases serve to take the place o the prepositions, "of", "to", "in", "t", "from" in English, and thus resemble the case endings of Latin.

PERSONAL PRONOUN CHART

Nominative Case

Ben	*I*	Ben bir öğretmenim.
Sen	*you*	Sen bir öğretmensin.
O	*he,she,it*	O bir öğretmendir.
Biz	*we*	Biz öğretmenleriz.
Siz	*you*	Siz öğretmenlersiniz.
Onlar	*they*	Onlar öğretmenlerdir.

Possessive Case

Benim	*mine*	Bu benim.	*-This is mine.*
Senin	*yours*	Şu senin.	*- That is yours.*
Onun	*his,hers,its*	Bu araba onun.	*- This car is his.*
Bizim	*ours*	Bunlar bizim.	*- These am ours*
Sizin	*yours*	Şu okul sizin.	*- This school is yours*
Onların	*theirs*	Şu kitaplar onların.	*- Those books are theirs.*

IMPORTANT: *Possessive pronouns when used in the following manner, become possessive adjectives.*

Benim kitabım	*My book*
Senin kalemin	*Your pencil*
Onun arabası	*His car*
Onun kuyruğu	*Her chair*
Bizim lokantamız	*Our restaurant*
Sizin defterleriniz	*Your note-book*
Onların elbiseleri	*Their clothes*

Dative Case

Bana	*to me*	Kitabı **bana** veriyor.
Sana	*to yo*	Kitabı **sana** veriyor.
Ona	*to him, to her, to it*	Kitabı **ona** veriyor.
Bize	*to us*	Kitabı **bize** veriyor.
Size	*to you*	Kitabı **size** veriyor.
Onlara	*to them*	Kitabı **onlara** veriyor.

Objective Case

Beni	*me*	**Beni** görüyor musun?
Seni	*you*	**Seni** görüyor mu?
Onu	*him,her, it*	**Onu** görüyorum.
Bizi	*us*	**Bizi** görüyorlar.
Onları	*them*	**Onları** görüyoruz.

Locative Case

Bende	at me	Kitap **bende**.
Sende	at you	Kitap **sende**
Onda	at him, at her, at it	Kitap **onda**.
Bizde	at us	Kitap **bizde**.
Sizde	at you	Kitap **sizde**.
Onlarda	at them	Kitap **onlarda**.

Note: The **"at"** is a literal translation, whereas the actual meaning is **"with me."**

Ablative Case

Benden	from me	Kitabı **benden** istiyor.
Senden	from you	Kitabı **senden** istiyor.
Ondan	from, him, from her, from it	Kitabı **ondan** istiyor.
Bizden	from us	Kitabı **bizden** istiyor.
Sizden	from you	Kitabı **sizden** istiyor.
Onlardan	from them	Kitabı **onlardan** istiyor.

OLUMLU ŞEKİL *"Affirmative Form"*

Benim	I am
Sensin	you are
Odur	he is, she is, it is
Biziz	we are
Sizsiniz	you are
Onlardır	they are

Drill on the Affirmative Form

Ben	(öğretmen)	(y)im.	I am a teacher.
Sen	(öğretmen)	sin.	You are a teacher.
O	(öğretmen)	dir.	He (she) is a teacher
Biz	(öğretmen)	(y)iz.	We are teachers.
Siz	(öğretmen)	siniz.	You are teachers.
Onlar	(öğretmen)	(ler)dir.	They are teachers
Onlar	(öğretmen)	dir(ler)	They are teachers.

Note: The noun comes between the pronoun and the personal suffix.

The verb *"To Be"* never appears alone, namely, as a separate word. It appears as a suffix attached to a noun, pronoun, question word adjective, or, to an interrogative or negative particle.

Hastayım	*I am sick.*
Nasılsınız?	*How are you?*
O nedir?	*Waht is that?*
O bir evdir.	*That is a house.*

According to the Vowel Harmony rule, the vowel is changed and appears as **"-dir,-dır,-dür,-dur."**

1. *If the vowel in the preceding syllable is "e" or "i", the vowel in the* verb ***"To Be"***, *will be "i".*

evdir	*house*
iyidir	*fine*
kalemdir	*pencil*
penceredir	*window*

2. *If the vowel in the preceding syllable is* **"o" or "ü"**, *the vowel in the* verb ***"To Be"***, *will be* **"ü"**

müdürdür	*director*
otobüstür	*bus*
göldür	*lake*
köylüdür	*peasant*

3. *If the vowel in the pereceding syllable is* **"o" or "u"**, *the vowel in the* verb ***"To Be"***, *will be* **"u"**

doktordur	*doctor*
kurudur	*dry*
yoldur	*road*
burundur	*nose*

4. If the vowel in the preceding syllable is **"a" or "ı"**, the vowel in the verbs
"To Be" _will be_ **"ı"**.

paradır	_money_
karadır	_black_
Amerikalıdır	_American_
sigaradır	cigarette

Complete the following sentences by adding the correct form of the verbs

"To Be":

O bir ev	—————	_house_
Bu bir çocuk	—————	child
Şu bir kız	—————	_girl_
Bu bir kalem	—————	_pencil_
O bir göl	—————	_lake_
Bu bir kuyu	—————	_well_
Şu bir yol	—————	_road_
Bu bir palto	—————	_coat_
Bu bir sinema	—————	_cinema_
Bu bir otobüs	—————	_bus_

Answer the questions by using the nouns given below:

Bu nedir?	—————	Kalem	_pencil_
Şu nedir?	—————	oda	_room_
O nedir?	—————	göz	_eye_
Bu nedir?	—————	mendil	_handkerchief_
Şu nedir?	—————	lokanta	_restaurant_
O nedir?	—————	burun	_nose_
Bu nedir?	—————	masa	_table_
Şu nedir?	—————	göl	_lake_
O nedir?	—————	sinema	_cinema_

Fill in the blanks in each sentence with one of the four words given below.
Make your choice according to the personal ending and vowel harmony.

1. Siz_____siniz.
   a) Amerikalı   **b)** evli   **c)** küçük   **d)** çocuk
2. Ayşe_____tür.
   a) doktor   **b)** anne   **c)** müdür   **d)** Türk
3. Sen_____sun.
   a) kardeş   **b)** öğrenci   **c)** çocuk   **d)** evli
4. Ben_____yim.
   a) İstanbullu   **b)** İzmirli   **c)** Amerikalı   **d)** Ankaralı

5. Biz_____iz.
   a) İstanbullu   **b)** öğretmen   **c)** iyi   **d)** fena
6. Bu bir----tır.
   a) yaşlı   **b)** elbise   **c)** kitap   **d)** kalem
7. Şu sinema_____dur.
   a) pahalı   **b)** pis   **c)** büyük   **d)** ucuz.
8. Ben çok_____yım.
   a) Türk   **b)** hasta   **c)** pencere   **d)** evli.
9. Bu kalem_____dir.
   a) beyaz   **b)** büyük   **c)** ince   **d)** sarı.
10. Annemiz_____dir.
    a) çirkin   **b)** yaşlı   **c)** şişman   **d)** uzun.

OLUMSUZ ŞEKİL   *Negative Form*

Ben **değilim**.	*I am not*
Sen **değilsin**.	*You are not*
O **değildir**.	*He is not, she is not, it is not*
Biz **değiliz**.	*We are not*
Siz **değilsiniz**.	*You are not*
Onlar **değil(ler) dir**.	*They are not*
Onlar **değildir(ler**.	*They are not*

Note: *In order to form negative, the word* **"değil"** *is placed just before the verb-ending. In this case, the verb-ending is attached to* **"değil".**

- Bu temiz bir lokanta **değildir.**
This is not a clean restaurant.

Drill on the Negative Form

Ben öğretmen	**değilim.**	*I am not a teacher.*
Sen öğretmen	**değilsin.**	*You are not a teacher.*
O öğretmen	**değil(dir).**	*He(she) is not a teacher.*
Biz öğretmen	**değiliz.**	*We are not teachers.*
Siz öğretmen	**değilsiniz.**	*You are not teachers.*
Onlar öğ-retmen	**değil(dir)ler.**	*They are not teachers.*

Ben doktor **değilim.**
Sen mühendis **değilsin.**
O öğrenci **değil(dir).**
Biz öğretmen **değiliz.**
Siz postacı **değilsiniz.**
Onlar gazeteci **değil(dir).**

SORU ŞEKLİ *Interrogative Form*

Ben **miyim?**	*Am I?*
Sen **misin?**	*Are you?*
O **mu(dur)?**	*Is he, is she, is it?*
Biz **miyiz?**	*Are we?*
Siz **misiniz?**	*Are you?*
Onlar **mı(dır)?**	*Are they?*

Note : The question particle **mi, mı, mü,** *or* **mu,** *comes just before the verb-ending, and the vowel in the particle is changed in accordance with the vowel harmony.*

- Bu lokanta temiz **midir?**
   Is this restarunat clean?

   OR
- Bu yeşil bir araba mıdır?
   Is this a green car?

Drill on the Interrogative Form

Ben	öğretmen **miyim?**	*Am I a teacher?*
Sen	öğretmen **misin?**	*Are you a teacher?*
O	öğretmen **mi(dir)?**	*Is he (she) a teacher*
Biz	öğretmen **miyiz?**	*Are we teachers?*
Siz	öğretmen **misiniz?**	*Are you teachers?*
Onlar	öğretmen(ler) **mi(dir)?**	*Are they teachers?*
Onlar	öğretmen **midir(ler)?**	*Are they teachers?*

Ben doktor **muyum?**
Sen öğrenci **misin?**
Biz benzinci **miyiz?**
Siz öğretmen **misiniz?**
Onlar öğrenci **mi(dir)?**

OLUMSUZ SORU ŞEKLİ *Negative-Interrogative Form*

Ben değil **miyim?**	*Am I not?*
Sen değil **misin?**	*Are you not*
O değil **mi(dir)?**	*Is he (she) not?"*
Biz değil **miyiz?**	*Are we not?*
Siz değil **misiniz?**	*Are you not?*
Onlar değil(ler) **mi(dir)?**	*Are they not?*
Onlar değil **midir(ler)?**	*Are they not?*

Drill on the Negative-Interrogative Form

Ben öğretmen değli **miyim?**	*Am I not a teacher?*
Sen öğretmen değli **misin?**	*Are you not a teacher*

O öğretmen değil **mi(dir)?**	*Is he(she) not a teacher?*
Biz öğretmen değil **miyiz?**	*Are we not teachers?*
Siz öğretmen değli **misiniz?**	*Are you not teachers?*
Onlar öğretmen değil(ler) **mi?**	*Are they not teachers?*

Drill on the verb "To Be"

Change the following statements to the Negative Form:

*Bu lokanta temiz**dir**.*
*O kız güzel**dir**.*
*Şu ev beyaz**dır**.*
*Bu doktor iyi**dir**.*
*Bu pahalı bir sinema**dır**.*
*Şu çocuk hasta**dır**.*
*Bu cadde geniş**tir**.*
*O çocuk pis**tir**.*

Change the following statements to the Question Form:

Bu yeni bir okul**dur**.
O iyi bir öğretmen**dir**.
O bir öğrenci**dir**.
Bu sinema büyük**tür**.
Şu kız çirkin**dir**.
Bu bina küçük**tür**.
Şu yol dar**dır**.
Bu bina okul**dur**.

Change the following negative sentences to statement form:

Bu sinema **değildir**.
Bu lokanta temiz **değildir**.
Şu adam doktor **değildir**.
Bu otobüs mavi **değildir**.
Şu araba küçük **değildir**.

Bu kız çirkin **değlidir.**
Şu araba mavi **değildir.**
Bu ev güzel **değildir.**

Give short affirmative and negative answers to the following questions:

Example:

Bu lokanta temiz **midir?**   -Evet, temiz**dir.**
                                -Hayır, temiz **değildir.**

Bu araba pahalı **mıdır?**
Şu kız güzel **midir?**
Bu ev beyaz **mıdır?**
Bu büyük bir sinema **mıdır?**
O hasta **mıdır?**
Bu doktor iyi **midir?**
Çocuk pis **midir?**
O öğretmen **midir?**

Translate the following sentences into Turkish:

Ayşe Hanım is a nurse.
Is Mr. Ahmet a doctor?
No, he is not a doctor.
Is this a big house?
That restaurant is not clean
This car is blue.
That bus is not small.
Is that a big school?

Question words WHAT? and WHO?

───────────────(**NE / WHAT?**)───────────────

(Ben) **ne**yim?	*What am I?*
(Sen)**ne**sin?	*What are you?*
(O) **ne**dir?	*What is he (she,it)?*
(Biz) **ne**yiz?	*What are we?*
(Onlar) **ne**lerdir?	*What are they?*

───────────────(**KİM / WHO?**)───────────────

(Ben) **kim**im?	*Who am I?*
(Sen) **kim**sin?	*What are you?*
(O) **kim**dir?	*Who is he (she)?*
(Biz) **kim**iz?	*Who are we?*
(Siz) **kim**siniz?	*Who are you?*
(Onlar) **kim**lerdir?	*Who are they?*

CHART FOR POSSESSIVE SUFFIXES

Genitive or Possessive Case
(of)

Words ending in consonants	**in-ın**	**ün-un**	**i-ı**	**ü-u**
words ending in vowels	**nin-nın**	**nün-nun**	**si-sı**	**sü-su**
Nominative	Oda-**nın**		kapı-**sı**	açık**tır.**
	Adam-**ın**		mendil-**i**	yeşil**dir.**
Dative	Oda-**nın**		kapı-**sı-na**	gidiyor**um.**
	Adam-**ın**		mendil-**i-ne**	bakıyor**um.**

94

Objective	Oda-**nın**	kapı-**sı-nı**	açıyorum.
	adam-**ın**	mendil-**i-ni**	beğeniyorum.

Locative	Oda-**nın**	kapı-**sı-(n)-da**	bir adam duruyor.
	Adam-**ın**	mendil-**i(n)-de**	leke var.

Ablative	Oda-**nın**	kapı-**sı(n)dan**	bir kedi geçiyor.
	Adam-**ın**	mendil-i**(n)-den**	istiyorum.

Drill on Possessives

Example: Gönül-öğretmen   Gönül'**ün** öğretmen**i**
             Jale-kahve   Jale'**nin** kahve**si**

İnci-baba/taksi-şoför/doktor-adres/öğretmenler-isimler/
Pınar-bavul/hafta-gün/sinema-arka/Ayşe-anne/İnci-kitap/
misafirler-oda/İstanbul-oteller/hastane-ön/.

Compounds in TURKISH

*Compounds can be called possessive relationships in Turkish and appear
in three forms. The ownership of any object, quality or material, is
expressed by one of these three forms:*

1. *We usually add the possessive suffix* **(-in,-ın,-ün,-un)** *to the noun to show
the possessor, and the third person possessive ending to the noun
possessed. This form corresponds to the apostrophe form in English.*

(-in,-ın,-ün,-un) *are the genitive endings, and the vowels are changed
according to the vowel harmony. When the noun ends in a wovel, only
"n" is added to the noun. The possessed noun receives the possessive
endings* **(-i,-ı,-ü,-u)** *after consonants, and* **(-si,-sı,-sü,-su)** *after vowel
ending nouns.*

The Possesor	The Possesive suffix	The Possesed Noun	The 3rd person Possessive Suffix
Adam	-ın	el	-i
öğrenci	-nin	defter	-i
okul	-un	müdür	-t
ev	-in	oda	-sı
Ayşe	-nin	ev	-i
köpek(ğ)	-in	kuyruk(ğ)	-u

2. *If we want to express a qualifying relationship,. such as **"yemek odası"** (dining-room) **"Atatürk Caddesi"** (Atatürk Street) etc., the first noun is used as a modifier to indicate the origin, the function, or the kind of the modified noun and the first noun will not change its form. Only the possessed noun will take the third person possessive endings.*

The qualifying noun	The qualified noun	The third person possessive suffix
Yemek	oda	-sı
Devlet	tiyatro	-su
İnek	süt	-ü
Sabah	gazete	-si

Do not confuse this noun-noun compound with an adjective-noun compound:

Noun/Noun	Adjective/Noun
Ankara Sinema**sı**	Büyük Sinema
Devlet Tiyatro**su**	Küçük Tiyatro
İstanbul Ünivresite**si**	Yüksek Okul
Ticaret Oku**lu**	Ortaokul

3. *In this form, neither the modifying noun nor the modifier noun take any ending. In this type, the modifier indicates the material of which the modified noun is made.*

Material	The Modified Noun
Elmas	yüzük
Naylon	çorap
Pirinç	mangal
Demir	kapı
Çelik	bina
Altın	küpe
Gümüş	kolye

After the compounds that are shown in number 1 and 2, the rule is to add

(n) *before the prepositions:*

Hilton Oteli-**n**-e	*to the Hilton Hotel*
Hilton Oteli-**n**-de	*at the Hilton Hotel*
Hilton Oteli-**n**-den	*from the Hilton Hotel*
Hilton Oteli-**n**-in	*of the Hilton Hotel*

Saray Lokantası-**n**-a	*to the Saray Restaurant*
Saray Lokantası-**n**-da	*at the Saray Restaurant*
Saray Lokantası-**n**-dan	*from the Saray Restaurant*
Saray Lokantası-**n**-ın	*of the Saray Restaurant*

Examples:

Hilton Oteli'**n**e gidiyorum.
Hilton Oteli'**n**de kalıyorum.
Hilton Oteli'**n**den geliyorum.
Hilton Oteli'**n**in önünde bir taksi var.

Saray Lokantası'**n**a öğle yemeği için gidiyoruz.
Saray Lokantası'**n**da yemek yedik.
Saray Lokantası'**n**dan kebap alıyoruz.
Saray Lokantası'**n**ın yanında bir kulüp var.

DECLENSION OF NOUNS

Nominative Case (subject)

İsmin yalın hali	Ev	Okul	Otobüs	Kitap
	Kedi	Oda	Köprü	Palto

Dative Case (to)

İsmin -e hali	Ev-**e**	okul-**a**	otobüs-**e**	kitab-**a**
e-a ye-ya	kedi-**ye**	oda-**ya**	köprü-**ye**	palto-**ya**

Objective Case

İsmin-i hali	Ev-**i**	okul-**u**	otobüs-**ü**	kitab-**ı**
i-ı - u-ü	kedi-**yi**	oda-**yı**	köprü-**yü**	palto-**yu**
yi-yı-yu-yü				

Locative Case (at, on, in)

ismin -de hali	Ev-**de**	okul-**da**	otobüs-**te**	kitap-**ta**
de-da (te-ta)	kedi-**de**	oda-**da**	köprü-**de**	palto-**da**

Ablative Case (from)

İsmin-**den** hali

den-dan	Ev-**den**	okul-**dan**	otobüs-**ten**	kitap-**tan**
ten-tan	kedi-**den**	oda-**dan**	köprü-**den**	palto-**dan**

Possessive (Genitive) Case (of)

in-ın ün-un	Ev-**in**	okul-**un**	otobüs-**ün**	kitab-**ın**
nin-nın nün-nun	kedi-**nin**	oda-**nın**	köprü-**nün**	palto-**nun**

DRILL ON CONSONANTS

/d/	/-p/	/p-/	/-p/
dilim	cevap	pabuç	ipek
dün	çorap	pahalı	kapak
deniz	kap	pamuk	kapı
dönmek	küp	pencere	rapor
duymak			
dalmak			
dolma			

/g/	/n/	/k/	/t/
gayet	niyet	kırk	tiyatro
gaz	nüfus	kum	tütün
baygın	nem	kaç	tembel
sigorta	nöbetçi	kola	torun
yorgun	numara	kira	tıbbiye
	nane	küçük	tutam
	noter	kafi	tam
		köşe	

GRAMER Grammar

The Past Tense of the Verb **"To Be"**
Affirmative Form

Ben(öğretmen)	**dim.**	*I was a teacher.*
Sen (öğretmen)	**din.**	*You were a teacher.*
O (öğretmen)	**di.**	*He(She) was a teacher.*
Biz (öğretmen)	**dik.**	*We were teachers.*
Siz (öğretmen)	**diniz.**	*You were teachers.*
Onlar (öğretmen)	**di.**	*They were teachers.*

Negative Form

Ben (öğretmen)	**değildim.**	*I was not a teacher.*
Sen (öğretmen)	**değildin.**	*You were not a teacher.*
O (öğretmen)	**değildi.**	*He (she) was not a teacher.*
Biz (öğretmen)	**değildiniz.**	*You were not teachers.*
Siz (öğretmen)	**değildiniz.**	*You were not a teachers.*
Onlar (öğretmen)	**değildi.**	*They were not teachers.*

Interrogative Form

Ben (öğretmen)	**miydim?**	*Was I a teacher?*
Sen (öğretmen)	**miydin?**	*Were you a teacher?*
O (öğretmen)	**miydi?**	*Was he (she) a teacher?*
Biz (öğretmen)	**miydik?**	*Were we teachers?*
Siz (öğretmen)	**miydiniz?**	*Were you teachers?*

Negative-Interrogative Form

Ben (öğretmen)	**değil miydim?**	*Wasn't I a teacher?*
Sen (öğretmen)	**değil miydin?**	*Weren't you a teacher?*
O (öğretmen)	**değil miydi?**	*Wasn't he/she a teacher?*
Biz (öğretmen)	**değil miydik?**	*Weren't we teachers?*
Siz (öğretmen)	**değil miydiniz?**	*Weren't you teachers?*
Onlar (öğretmen)	**değil miydi?**	*Weren't they teaches?*

Verb "To Be Tired" (Present Form)

Ben (yorgun)	**um.**	*I am tired.*
Sen (yorgun)	**sun.**	*You are tired.*
O (yorgun)		*He (she, it) is tired.*
Biz (yorgun)	**uz.**	*We are tired.*
Siz (yorgun)	**sunuz.**	*You are tired.*
Onlar (yorgun)	**(lar).**	*They are tired.*

Verb "To Be Tired" (Past Form)

Ben (yorgun)	**dum.**	*I was tired.*
Sen (yorgun)	**dun.**	*You were tired.*
O (yorgun)	**du.**	*He (she, it) was tired.*
Biz (yorgun)	**duk.**	*We were tired.*
Siz (yorgun)	**dunuz.**	*You were tired.*
Onlar (yorgun)	**du.**	*They were tired.*

Ek sözlük / Supplementary vocabulary

nehir, ırmak	*river*
mevsim	*season*
gök	*sky*
duman	*smoke*
batarya, akü, pil	*battery*
fren	*brake*
kablo	*cable*
istikamet, yön	*direction*

motor	*engine*
çamurluk	*fender*
patlak lastik	*flat tire*
çekiç	*hammer*
kaput	*hood*
korna	*horn*
kriko	*jack*
anahtar	*key*
kilit	*lock*
harita	*map*
çivi	*nail*
boya	*paint,dye*
ip	*rope*
yüz numara, tuvalet	*toilet*
gezi, yolculuk	*trip*
köprü	*bridge*
tehlike	*danger*

Müşteri	:	*Afedersiniz ,danışma memuru siz misiniz?*
D. memuru	:	*Evet efendim, buyrun.*
Müşteri	:	*İstanbul'a biraz önce geldim. Üç gün için bir oda istiyorum.*
D. memuru	:	*Tek kişilik mi?*
Müşteri	:	*Evet, yalnızım.*
D. memuru	:	*Odanız üçüncü katta 45 numara.*
Müşteri	:	*Teşekkür ederim ama, şimdi Amerikan Konsolosluğu'na gidiyorum. Bir taksi çağırır mısınız lütfen?*
D. memuru	:	*Tabii, şimdi çağırıyorum.*

müşteri	*customer*
danışma memuru	*receptionist*
biraz önce	*a little while ago*
oda	*room*
istemek	*to want*
tek kişilik	*for one person*
yalnız	*alone*
yalnızım	*I am alone*
kat	*floor, storey*
Konsolos	*Consul*
Konsolosluk	*Consulate*
Amerikan Konsolosluğu	*American Consulate*

DRILL on Vocabulary

-DANIŞMA MEMURU
Danışma memuru nerede?
Danışma memurunu arıyorum.
Danıyma memuru yok mu?
Danışma memuru burada mı?

-SİZ KİMSİNİZ?
Danışma memuru siz misiniz?
Otelin danışma memuru siz misiniz?

-ŞEY
Şey nerede?
Şeyi arıyorum.
Her şey
Bazı şey(ler)
Hiçbir şey

-İSTİYORUM
Bir oda istiyorum
Tek kişilik bir oda istiyorum.
İki kişilik oda istiyorum.
Bir bardak su istiyorum.

-YARDIM EDİNİZ

Yardım eder misiniz?
Yardım edebilir miyim?
Yardım ister misiniz?

Okuma / Reading

TELEFON "Telephone"

Ali, gül'ün yakın arkadaşıdır. Doğruyu söylemek gerekirse, Gül, Ali'nin kız arkadaşıdır. Onlar çocuklarından beri hep beraberdirler. Ali şimdi Teknik Ünivresite'te öğrencidir. Gül, Fransız Konsolosluğu'nda çalışıyor. Ali telefonda Gül ile konuşmak istiyor:

Ali	: Alo, ben Ali. Gül Hanım'la konuşmak istiyorum. Mümkün mü?
Santral memuru	: Dahili telefon numarasını biliyor musunuz?
Ali	: Evet, yirmi beş.
Santral memuru	: Bir dakika efendim. Yirmi beş numara meşgul.
Ali	: Kırk altıyı bağlar mısınız lütfen. Belki oradadır.
Santral memuru	: Kırk altı da meşgul efendim. On dakika sonra arayabilir misiniz?
Ali	: Tabii ararım. Çok teşekkür ederim.

Ali on dakika sonra bir postaneye uğruyor, bir jeton alıyor, jetonu deliğe koyuyor ve sürekli bir ses gelir gelmez numarayı çeviriyor. Bu kez Gül ile konuşabiliyor ve akşam yemeği için bir randevu alıyor. Onlar birbirlerini seviyorlar ve iki senedir flört ediyorlar.

yakın	*close*
arkadaş	*friend*
yakın arkadaş	*close friend*
doğruyu söylemek gerekirse	*to tell the truth*
kız arkadaş	*girlfriend*
-dan(den)beri	*since*
hep	*always*
beraber	*together*
Teknik Üniversite	*Technical University*
Elçilik	*Embassy*
mümkün	*possible*
dahili telefon	*extension*
meşgul	*busy*
bağlamak	*to join, to connect*
uğramak	*to call, on, to look in*
jeton	*coin*
delik	*slot*
koymak	*to put*
sürekli, devamlı	*continuous*
ses	*sound, voice*
numara çevirmek	*to dial*
bu sefer	*this time*
akşam yemeği	*dinner*
randevu	*appointment, date*
sevmek	*to love, to like*
flört etmek	*to go steady*

Sorular / Questions

1. Gül Ali'nin nesidir?
2. Onlar ne zamandan beri beraberler?
3. Ali şimdi ne iş yapıyor?
4. Gül bir yerde çalışıyor mu? Nerede?
5. Ali ne yapmak istiyor?

6. Ali kiminle konuşmak istiyor?
7. Santral memuru Ali'ye ne soruyor?
8. Ali hangi dahili numaraları istiyor?
9. Ali postanede ne yapıyor? Gül'le görüşebiliyor mu?
10. Onlar ne zamandan beri flört ediyorlar?
11. Ali Fransız Konsolosluğu'na niçin telefon ediyor?
12. Ali ve Gül ne zamandan beri beraberler?

Dialogue

TELEFON KONUŞMASI   "Telephone Conversation"

Müfit	:	*Alo, ben Müfit. Kiminle konuşuyorum?*
Sekreter	:	*Buyrun efendim. Amerikan Konsolosluğu.*
Müfit	:	*Bay Thompson orada mı?*
Sekreter	:	*Bay Thompson bugün izinli efendim.*
Müfit	:	*Ne zaman dönüyor, biliyor musunuz?*
Sekreter	:	*Salı günü, efendim.*
Müfit	:	*Yani yarın, değil mi?*
Sekreter	:	*Evet, bir mesaj bırakmak istiyor musunuz?*
Müfit	:	*Lütfen. Yarın onu ofiste ziyaret etmek istiyorum.*
Sekreter	:	*Merak etmeyin. Notunuzu alıyorum efendim.*

İSTANBUL'DAKİ YAŞANTIMIZ   "Our Life in Istanbul"

Ben ve eşim şimdi Hilton Oteli'nden kalıyoruz. Ben Amerikalıyım. Eşim Avustralyalı. İstanbul'da yaşıyoruz,ama evimiz yok. Şimdi otelde kalıyoruz. Bazen Amerikan Konsolosluğu'na gitmek istiyoruz ve danışma memuruna yolu soruyoruz. O, İstanbul'u çok iyi biliyor ve bize yardım ediyor. Otel çok temiz ve güzel ama biraz pahalı. Gecesi üç milyon lira.

Otelin içinde büyük bir lokanta var. Her gün şiş kebap ve patates kızartması çok nefis. Bazı akşamlar otelin lokantasında yemiyoruz. Başka bir yere gidiyoruz. Hilton Oteli'ne yakın, temiz ve ucuz bir lokanta var. Oraya yürüyerek gidiyoruz ve kebap yiyoruz. Ben bira içiyorum, eşim meyve suyu içiyor.

Ben Mobil Şirketi'nde çalışıyorum. Eşim çalışmıyor. O, ev kadınıdır. Bizim çok Türk arkadaşımız var. Bazen onlarla beraber plaja gidiyoruz ve yüzüyoruz. Ben ve eşim denizi çok seviyoruz.

Yeni Kelimeler / Vocubulary

kalmak	*to stay*
Amerikalıyım	*I am American*
yaşamak	*to live*
bazen	*sometimes*
sormak	*to ask*
bilmek	*to know*
yardım etmek	*to help*
her gün	*every day*
yemek	*food*
özellikle, bilhassa	*especially*
nefis	*delicious*
meyve suyu	*fruit juice*
şirket	*company*
ev kadını	*housewife*
deniz	*sea*
sevmek	*to like, to love*
tarif etmek	*to describe*

Otel / "Hotel"

1. Onlar şimdi nerede kalıyorlar? Niçin?
2. Bazen nereye gitmek istiyorlar?
3. Onlara kim yardım ediyor?
4. Onlar nasıl bir otelde kalıyorlar? Gecesi kaç lira?
5. Türk yemeklerini seviyorlar mı? Her gün nerede yemek yiyorlar?
6. Bazen nereye gidiyorlar? Lokanta otele uzak mı?
7. Onlar lokantaya nasıl gidiyorlar? niçin?
8. Onlar genellikle ne yiyorlar ve ne içiyorlar?
9. Kaç tane Türk arkadaşları var?
10. Plaja kimlerle beraber gidiyorlar?
11. Denizi seviyorlar mı?
12. Nerede çalışıyorlar?

yumurta	egg
yer döşemesi, yer	floor, place
tava	frying pan
çöp	rubbish
cam	glass
acele	hurry
ütü	iron
ütülemek	to iron
lamba	lamp
peçete	napkin
bir kere	once
fırın	oven
kiler	cellar
resim	picture
parça	piece
yastık	pillow
cila	polish
tutacak	pot holder
çabuk	quick
buzdolabı	refrigerator
halı	ruf
silkelemek	to shake
çarşaflar	sheet(s)
gümüş	silver
sabun	soap
kanepe	sofa
gazyağı	paraffin

DIALOGUE

PLAJ "The Beach"

Ayşe : Bugün nereye gidiyorsunuz?
Nurdan : · Plaja gidiyorum.
Ayşe : Hangi plaja gidiyorsunuz?
Nurdan : Moda Plajı'na
Ayşe : İyi yüzüyor musunuz?
Nurdan : Evet çok iyi yüzüyorum.
Ayşe : Ben de plaja gidiyorum. Birlikte gidelim.
Nurdan : Bugün deniz ve hava çok güzel.
Ayşe : Kaç derece?
Nurdan : Sanırım 32 derece

plaj	*beach*
Moda Plajı	*Moda Beach*
Moda Plajı'na	*to Moda Beach*
yüzmek	*to swim*
gelmek	*to come*
birlikte(beraber)	*together*
gidelim	*let us go*
hava	*weather, (air)*
kaç derece	*how many degrees*
sanırım	*I think*

Nereye gidiyorsunuz / "Where are you going"

Nezihe	:	Nereye gidiyorsunuz?
Rıza	:	Plaja gidiyorum.
Nezihe	:	Ne zaman gidiyorsunuz?
Rıza	:	Öğleden sonra.
Nezihe	:	Nasıl gidiyorsunuz?
Rıza	:	Dolmuşla.
Nezihe	:	Dolmuş nereden kalkıyor?
Rıza	:	Biraz ilerde, sağ tarafta dolmuş durağı var.
Nezihe	:	Niçin otobüsle gitmiyorsunuz?
Rıza	:	Çünkü oraya otobüs yok.
Nezihe	:	Peki, ben de geliyorum. Beraber gidelim.

ne zaman	*when*
biraz ilerde	*a little ahead*
öğleden önce	*before noon*
dolmuş durağı	*dolmuş stop*
öğleden sonra	*afternoon*
otobüs durağı	*bus stop*
dolmuşla	*by dolmuş*
taksi durağı	*taxi stop*
nereden	*from where*
iskele	*boat landing, pier*
kalkmak	*to depart, to get up*

Okuma / Reading

Ahmet Bey benzinciye gidiyor ve benzin almak istiyor. O, süper benzin kullanıyor. Bir milyon liralık benzin alıyor, sonra arabasına biniyor ve oteline gidiyor. Otel çok büyük ve gerçekten güzel, ama biraz pahalı. Gecesi 4 milyon lira. Otelin içinde küçük bir lokanta var. Ahmet bey ve eşi her zaman orada yemek yiyorlar. Çünkü yemekleri çok seviyor ve beğeniyorlar.

Yeni kelimeler / Vocabulary

gitmek	*to go*
almak	*to buy*
istemek	*to want*
süper benzin	*super petrol*
normal benzin	*regular petrol*
kullanmak	*to use*
bir milyon liralık	*one million liras worth*
araba	*car*
arabasına	*his car*
binmek	*to get on*
otel	*hotel*
oteli	*his hotel*
oteline	*to his hotel*
gerçekten	*really*
eşi	*his wife, (or her husband)*
her zaman	*all the time*
yemek yemek	*to eat*
sevmek	*to like, to love*
beğenmek	*to admire*

Sorular / Questions

1. Ahmet Bey nereye gidiyor? Niçin?
2. Ahmet Bey ne almak istiyor?
3. Kaç liralık benzin alıyor?
4. Ahmet Bey nasıl benzin kullanıyor ve kaç liralık alıyor?
5. Benzin aldıktan sonra ne yapıyor?
6. Ahmet Bey'in oteli nasıl?
7. Ahmet Bey ve eşi yemeklerini nerede yiyorlar? Niçin?

Canan	:	Benzin var mı?
Benzinci	:	Evet. Normal mi, süper mi istiyorsunuz?
Canan	:	Süper istiyorum.
Benzinci	:	Kaç litre istiyorsunuz, doldurayım mı?
Canan	:	Şimdilik beş yüz bin liralık yeter.
Benzinci	:	Peki, tamam.
Canan	:	Buralarda iyi ve temiz bir otel var mı?
Benzinci	:	Görüyor musunuz? Tam köşede.
Canan	:	Çok teşekkür ederim. Şimdilik hoşçakalın.
Benzinci	:	Güle güle. Yarın görüşürüz.

Yeni kelimeler / Vocabulary

görmek	*to see*
tam	*just*
köşe	*corner*
köşede	*to the corner*
litre	*litre*
doldurmak	*to fill up*
doldurayım mı?	*Shall I fill it up?*
şimdilik	*for now*
beş yüz bin liralık	*five thousand liras worth*
yeter	*enough*
istemek	*to want*

Çocuklar şimdi okula gitimyorlar, çünkü okullar tatil. Onlar dinleniyorlar, denize gidiyorlar, kitap okuyorlar ve spor yapıyorlar. Benim bir erkek kardeşim var. O hiçbir yere gitmiyor. Sabahtan akşama kadar evde oturuyor. annesi ona çık kızıyor. Çünkü o çok şımarık bir çocuk. Hep piyano çalıyor ve çok gürültü yapıyor. Günde beş kere yemek yiyor sonra uyuyor, ya da piyano çalıyor.

Yeni kelimeler / Vocabulary

çocuklar	*children*
şimdi	*now*
tatil	*holiday*
dinlenmek	*to rest*
kitap	*book*
okumak	*to read*

spor yapmak	*to do sports*
hiçbir yere	*nowhere*
sabahtan akşama kadar	*from morning till night*
kardeş	*brother or sister*
erkek kardeş	*brother*
kız kardeş	*sister*
oturmak	*to sit*
yapmak	*to do, to make*
anne	*mother*
kızmak	*to get angry*
şımarık	*spoiled*
hep(her zaman)	*always*
piyano	*piano*
çalmak	*to play*
piyano çalmak	*to play the piano*
ya da	*or*
gürültü	*noise*
gürültü yapmak	*to make a noise*
bir kere (kez)	*once*
iki kere (kez)	*twice*
üç kere (kez)	*three times*
dört kere (kez)	*four times*
uyumak	*to sleep*

Sorular / Questions

1. Çocuklar niçin okula gitmiyorlar?
2. Onlar ne yapıyorlar?
3. Benim erkek kardeşim nereye gidiyor?
4. Benim kardeşim hep ne yapıyor?

Ben her sabah saat yedide kalkıyorum ve elimi, yüzümü yıkıyorum. Sonra traş oluyorum ve giyiniyorum. Eşim de aynı saatte kalkıyor ve kahvaltı hazırlıyor. Kahvaltıda beyaz peynir, yumurta, tereyağ ve reçel yiyoruz. Bir bardak çay veya süt içiyoruz.

Saat sekizde eşim ve ben evden çıkıyoruz. Bizim arabamız yok, onun için otobüs durağına gidiyoruz. Otobüs durağında eşim dolmuşa biniyor, ben otobüse biniyorum. Eşim Taksim'e gidiyor, orada bir okulda İngilizce öğretiyor. Ben Topkapı'ya gidiyorum. Benim işim orada.

Öğleden sonra eşim Taksim'den dolmuşa biniyor, ben Topkapı'dan otobüse biniyorum ve evimize dönüyoruz. Bizim evimiz Bebek'te, deniz kenarında, otobüs ve dolmuş durağına çok yakın.

sabah	*morning*
el	*hand*
yüz	*face*
giyinmek	*to get dressed*
aynı	*same*
kahvaltı etmek	*to have berakfast*
beyaz peynir	*white cheese*
çay	*tea*
çıkmak	*to go out*
her sabah	*every morning*
yıkamak	*to wash*
eş	*wife or husband*
aynı saat	*same hour*
hazırlamak	*prepare*
tereyağ	*butter*
süt	*milk*
kalkmak	*to get up*
uyanmak	*to wake up*
traş olmak	*to shave*
yumurta	*egg*
öğleden önce	*before noon*
öğleden sonra	*afternoon*
onun için	*therefore*

Sorular / Questions

1. Siz her sabah kaçta kalkıyorsunuz?
2. Eşiniz ne zaman kalkıyor?
3. Kalktıktan sonra ne yapıyorsunuz?
4. Kahvaltıyı kim hazırlıyor?
5. Kahvaltıda çay mı, süt mü içiyorsunuz?
6. Kahvaltıda ne yiyorsunuz?
7. Siz ve eşiniz evden kaçta çıkıyorsunuz?
8. Siz sabah saat sekizde ne yapıyorsunuz?
9. Arabanız var mı?
10. Siz işe nasıl gidiyorsunuz?

11. Eşiniz işe nasıl gidiyor?
12. Sizin ve eşinizin işi nerede?
13. Eşiniz ne öğretiyor?
14. Öğleden sonra eşiniz ve siz eve nasıl geliyorsunuz?
15. Eviniz nerede?
16. Eviniz durağa yakın mı?
17. Sizin işiniz Taksim'de mi?

Müdür ve Sekreterler

Benim adım, biliyorsunuz, Tahsin Yılmaz'dır. Ben şirketin müdürüyüm. Şimdi ofisteyim ve masamda oturuyorum. Hüseyin Bey'in raporu üzerinde çalışıyorum. Yıldız Hanım da bana yardım ediyor. O benim sekreterimdir ve hemen yanımdaki masada oturuyor.

Şu anda ona herhangi bir şey dikte ettirmiyorum. Biz şimdi çalışmıyoruz, çünkü istirahat zamanı ve birkaç dakika dinleniyoruz. Biraz önce garson bana çay, sekreterime sütlü kahve getirdi. Biz onları içiyoruz. Hüseyin Bey ofisinin yanındaki bekleme odasında ayakta duruyor. Yanında dört kişi var. Onlarla konuşuyor. Hepsi ayakta duruyorlar ve konuşuyorlar. Onlara bizim şirket hakkında bilgi veriyor. Ziyaretçiler Hüseyin Bey'i dikkatle dinliyorlar. Sevim Hanım bugün kırmızı bir elbise giyiyor. Şimdi masasında oturuyor ve telefonla konuşuyor. Masasının sağ tarafında birkaç dosya ve dosyaların yanında bir bardak çay duruyor.

Bu odada tam yirmi kişi var ve şu anda hepsi çok çalışıyor. Çünkü bugün Pazartesi ve çok iş var. Üç dört kişi yazı yazıyor. Diğerleri çeşitli işler yapıyorlar. Ertuğrul ve Necdet şimdi burada yoklar. Onlar benim için bilgi topluyorlar.

Üç işçi sabahtan beri salondaki kapıyı tamir ediyorlar. Çok gürültü yapıyorlar. Bu gürültü beni ve arkadaşlarımı çok rahatsız ediyor. Onlar gülüyorlar ve konuşuyorlar. Aynı zamanda çekiçle kapıya vuruyorlar.

Yeni Kelimeler / Vocabulary

müdür	*manager*
dikte ettirmek	*do dictate*
istirahat etmek, dinlenmek	*to rest*
biraz önce	*a little while ago*
bekleme odası	*waiting room*
bilgi vermek	*to give information*
giymek	*to wear*
meşgul	*busy*
not almak	*to take note*
dosya	*file*
çeşitli	*various*
bilgi toplamak	*to collect information*
tamir etmek	*to repair*
gürültü yapmak	*to make a noise*
rahatsız etmek	*to disturb, to bother*
gülmek	*to laugh*
çekiç	*hammer*
vurmak	*to hit*

1. Tahsin Yılmaz kimdir?
2. O şimdi nerede ve ne yapıyor?
3. Yıldız Hanım kim ve o şimdi ne yapıyor?
4. Tahsin Yılmaz ve Yıldız Hanım çay içiyorlar. Niçin?
5. Hüseyin Bey şu anda nerede ve ne yapıyor?
6. Onun yanında kaç kişi var?
7. Hüseyin Bey ziyaretçilere ne veriyor?
8. Sevim Hanım bugün ne giyiniyor?
9. O şimdi ne yapıyor?
10. Sevim Hanım'ın masasında neler var?
11. Odada şimdi kaç kişi var ve onlar ne yapıyorlar?
12. Ertuğrul ve Necdet nerede?
13. Salonda kimler var?
14. Onlar ne yapıyorlar?
15. Gürültü kimleri rahatsız ediyor?
16. İşçiler kapıya neyle vuruyorlar?

K DRILL X

1. Fill in the blanks with the proper forms of the verbs:

(1) Hüseyin bey şimdi ziyaretçilerle..............................(konuşmak)
ve ayakta.........................(durmak)

(2) Ben şu anda masamda........................(oturmak) ve çay
.....................(içmek)

(3) İşçiler salonda........................(çalışmak) ve kapıya çekiçle...................
.....................(vurmak).

(4) Biz hepimiz çok...........................(çalışmak)

(5) Sekreterim şimdi telefonla.............................(konuşmak) ve not
...................(almak)

(6) Bu ofiste herkes çok.....................(çalışmak)

(7) Ertuğrul ve Necdet şimdi ofiste yoklar, onlar benim için bilgi
..................(toplamak)

(8) Şimdi ben.......................(istirahat etmek), sekreterim telefonda
....................(konuşmak), Hüseyin Bey salonda....................
(ayakta durmak) ve benim yardımcılarım bilgi.....................(toplamak).
(9) Onlar şimdi çok...........................(gürültü yapmak)
(10) Hüseyin Bey ziyaretçilere şirket hakkında.....................
(bilgi vermek) ve ziyaretçiler onu dikkatle........................(dinlemek)

Change the sentences above into the negative and question forms:

Examples:

- Hüseyin Bey şimdi ziyaretçilerle konuşmuyor ve ayakta durmuyor.
- Hüseyin Bey şimdi ziyaretçilerle konuşuyor ve ayakta duruyor mu?
- Ben şu anda masamda oturuyor ve çay içiyor muyum?

2. Fill in the blanks with the proper forms of the verbs in the following paragraph:

Bizim ofisimizde üç kişi.................... (çalışmak). Onlar ofise saat
üçte....................(gelmek) ve çalışmaya................(başlamak).
Biz öğle yemeğini ofiste....................(yemek) sonra kahve, çay veya
süt....................(içmek). Benim sekreterim şimdi mektup................
(yazmak) ve aynı zamanda........(şarkı söylemek.)

Bizim ofisimizin yanında başka bir şirket var. Orada birkaç kişi................
....................(çalışmak). O şirketin müdürü benim arkadaşım ve o şimdi
masasında....................(oturmak), ve telefonla....................
(konuşmak).

Şu anda birkaç iş adamı ofise doğru....................(gelmek). Ben onları
pencereden....................(görmek). Birisi uzun boylu, şişman ve şapkalı;
diğeri kısa boylu, yaşlı, zayıf ve şapkasız. Onlar ağır ağır........................
(yürümek) ve....................(konuşmak). Ben onları....................
(tanımak-Neg.) Bizim ofise ilk defa.......(gelmek).

Kapının önünde mavi ve lüks bir araba................(durmak). İçinde
şoför....................(oturmak) ve gazete ....(okumak).

3. Fill in the blanks with the questions forms of the verbs:

(1) Ben sinemaya............(gitmek)?
(2) Siz ne zaman yemek..........(yemek)?
(3) Siz şimdi gazete.............(okumak)?
(4) O ne............(içmek)?
(5) Onlar mektup...........(yazmak)?
(6) Biz Ahmet Bey'i...........(tanımak)?
(7) Sekreter, şimdi nerede...........(oturmak) ve ne ....(yapmak)?
(8) Kadıköy'den neyle..........(gelmek)?
(9) Hastanede kaç kişi.........(çalışmak)?
(10) Otobüse nerede.........(binmek) ve nerede.......(inmek)?

4. Fill in the blanks with the proper forms of the personal pronouns:

(1) ....Şimdi oturmuyorum.
(2) ....ne zaman süt içiyorlar?
(3) ....bu ofiste çalışıyoruz.
(4) ....kitap okuyor mu?
(5) Hayır... şimdi yemek yemiyor.
(6) Evet.... şimdi daktilo yazıyorum.
(7) ....ne zaman uyuyorsunuz?
(8) ....İngilizce biliyor musun?
(9) ....Türkçe öğreniyoruz.
(10) ....pirzola ve salatayı çok seviyorlar.

Satıcı : Günaydın efendim. Hoş geldiniz. Yardım edebilir miyim?

Müşteri : Lütfen. Bazı şeyler almak istiyorum, ama henüz karar vermedim.

Satıcı : Ne çeşit şeyler almak istiyorsunuz? Kendiniz için mi, eşiniz için mi, yoksa çocuğunuz için mi?

Müşteri : Kendim için bir gece elbisesi ve bir çift ayakkabı almak istiyorum. Kızım evleniyor. Güzel bir düğün yapmak istiyoruz.

Satıcı : Düğünü nerede yapmak istiyorsunuz? Kızınız düğün istiyor mu? Yoksa bir kokteyl parti mi istiyor?

Müşteri : Kızım düğün ve parti istemiyor. Bir Avrupa gezisi yapmak istiyor. Yani balayına çıkmak istiyor ama ben ve babası düğün yapmak istiyoruz.

Satıcı : Bence kızınız haklı. O ne istiyorsa onu yapın, çünkü o evleniyor.

Müşteri : Öyleyse elbise ve ayakkabı almak istemiyorum.

yardım edebilir miyim?	*Can I help you?*
karar vermek	*to decide*
ne çeşit	*what kind?*
kendiniz için	*for yourself*
gece elbisesi	*nightdress*
bir çift ayakkabı	*a pair of shoes*
evlenmek	*to get married*
düğün	*wedding reception/ceremony*
bir Avrupa gezisi	*a trip to Europe*
balayı	*honeymoon*
dost	*close friend*
davet etmek	*to invite*
bence	*for me, to me*
hak	*right*
haklısınız	*you are right*
öyleyse	*then*
karşılamak	*to meet*

Sorular / Questions

1. Satıcı müşteriyi nasıl karşılıyor? Müşteri ne diyor?
2. Müşteri ne almak istiyor, karar verdi mi?
3. Müşteri kimin için bazı şeyler almak istiyor?
4. Müşteri niçin bir gece elbisesi ve bir çift ayakkabı almak istiyor?
5. Müşterinin kızı düğün ve parti istiyor mu? O nereye gitmek istiyor?
6. Müşteri ve eşi niçin düğün yapmak istiyorlar?
7. Müşterinin kızı haklı mı? Niçin?
8. Müşteri gece elbisesi ve bir çift ayakkabı alıyor mu? Niçin?

Dr. Osman	:	O.. Günaydın arkadaşım. Uzun zamandan beri görüşmedik. Son zamanlarda iyi görünüyorsun.
Hasan	:	İyiyim, ama bu günlerde bir sorunum var.
Dr. Osman	:	Nedir?
Hasan	:	Midem, doktor. Uyanıkken beni çok rahatsız ediyor. Gece yatarken çok rahatım ve iyiyim.
Dr. Osman	:	Öyleyse, önce bir muayene edelim. Ateşin 36.5°. Normal. Tansiyonun da normal.
Hasan	:	Kahvaltı eder etmez ağrı başlıyor. Yani midem doluyken ağrıyor.
Dr. Osman	:	Kahvaltıda ne yiyorsunuz?
Hasan	:	İki fincan kahve, salam, iki yumurta, reçel, bal, meyva ve süt. Hepsi o kadar.
Dr. Osman	:	Öğle yemeğinde ne yiyorsunuz?
Hasan	:	Öğleyin çok zamanım yok. Onun için bütün yediğim çorba, salata, iki sandviç, tatlı ve kahve.
Dr. Osman	:	Şimdi anlamaya başlıyorum. Akşam yemeğinde ne yiyorsunuz?

Hasan	:	Akşam yemeğinde çok yiyorum. Çorba, salata, et, patates, sebze, ekmek, tatlı ve kahve.
Dr. Osman	:	Hasan Bey, lütfen şu tartının üstüne çıkar mısınız? Tam düşündüğüm gibi. 96 kilo. Boyunuz kaç?
Hasan	:	1.70
Dr. Osman	:	Şimdi anlaşıldı. Buraya son geldiğiniz zaman 80 kiloydunuz.
Hasan	:	Yani 15 kilo almışım.
Dr. Osman	:	Tabii. Çok. Sizin yaşınızda bir adam için pek çok. Elli yaşındasınız değil mi?
Hasan	:	Evet. Rejim yapmam gerekli mi?
Dr. Osman	:	Tabii rejim yapmanız gerekli. Size bir reçete yazıyorum. Köşedeki eczaneden yaptırırsınız.
Hasan	:	Çok teşekkür ederim. En kısa zamanda on beş kilo vereceğim.

Yeni Kelimeler / Vocabulary

uzun zamandan beri	*for a long time*
son zamanlarda	*recently*
sorun	*problem*
mide	*stomach*
uyanık	*awake*
rahatsız etmek	*to bother*
tansiyon	*blood pressure*
zamanım yok	*I don't have time*
bütün yediğim	*all I eat*
tartı	*scale*
şimdi anlaşıldı	*now it is clear*
son geldiğiniz zaman	*last time you came*
kilo almak	*to gain weight*
kilo vermek	*to lose weight*
rejim yapmak	*to go on a diet*
en kısa zamanda	*in the shortest time*

Sorular / Questions

1. Kim doktora gitti?
2. Hasan niçin doktora gitti?
3. Hasan'ın sorunu ne?
4. Dr. Osman, Hasan'ı tanıyor mu?
5. Hasan'ın ateşi ve tansiyonu kaç?
6. Hasan'ın midesi ne zaman ağrıyor?
7. Hasan kahvaltıda ne yiyor?
8. Öğle yemeğinde ne yiyor?
9. Akşam yemeğinde ne yiyor?
10. Hasan daha önce doktora geldiği zaman kaç kiloydu?
11. Şimdi kaç kilo ve boyu kaç?
12. Hasan kaç kilo almış?
13. Hasan kaç yaşında?
14. Dr. Osman, Hasan'a ne yazdı?
15. Hasan ne yapacak?

Televizyondaki Film

- Bu akşam televizyonda güzel bir film var.
- Saat kaçta?
- Hemen haberlerden sonra.
- Haberler ne zaman bitiyor?
- Bilmiyor musun? Her zaman aynı. Saat sekizde.
- Film ne hakkında? Biliyor musun?
- Evet, bugün gazetede okudum. Tanınmış bir müzisyenin hayatını anlatıyor.
  Müzisyen çok fakir bir ailenin çocuğu ve Viyana'nın küçük bir kasabasında
  yaşıyor. Sekiz yaşındayken, bir dostları, "Çocuğunuzun çok büyük bir
  müzik yeteneği var. Ona bir piyano alın ve çalışmaya başlasın", diyor, ama

aile çocuğa piyano alamıyor, çünkü parası yok. Çocuk bir gün evden kaçıyor ve Paris'e gidiyor. Orada zengin bir aile ile beraber yaşıyor. Zengin ailenin evinde birkaç tane piyano var.Çocuk her gün piyano çalıyor ve beste yapmaya başlıyor. Şimdi, çocuk on beş yaşındadır ve tanınmış bir müzisyen olmuştur. Paris'te bir ev satın alıyor ve ailesini de Paris'e getiriyor. Hep beraber orada uzun süre yaşıyorlar.

- Çok heyecanlı, bu akşam ben de seyredeceğim.

Yeni Kelimeler / Vocabulary

haberler	news
hemen sonra	right after
hemen haberlerden sonra	right after the news
bitmek	to end
aynı	same
hakkında	about
ne hakkında	about what?
gazete	newspaper
müzisyen	musician
hayat	life
hikaye	story
hayat hikayesi	life-story (biography)
fakir bir aile	a poor family
kasaba	town
yaşamak	to live
sekiz yaşında	eight years old
dost	friend
yetenek	ability
kaçmak	to escape, to run away
birkaç tane	a few
piyano çalmak	to play the piano
beste	musical composition
besteci	composer
uzun süre	a long time
heyecanlı	excited
seyretmek	to watch

1. Bu akşam televizyonda ne var?
2. Film saat kaçta?
3. Haberlerden hemen sonra ne var?
4. Film ne hakkında?
5. Çocuğun ailesi zengin mi? Onlar nerede yaşıyorlar?
6. Çocukta ne yeteneği var? Bunu kim anlıyor?
7. Onların çocuğa ne almaları lazım? Alabiliyorlar mı? Niçin?
8. Bir gün çocuk ne yapıyor? Nereye gidiyor?
9. Paris'te kiminle beraber yaşıyor?
10. Zengin ailenin evinde ne var? Kaç tane?
11. Çocuk Paris'te her gün ne yapıyor?
12. Çocuk nerede beste yapmaya başlıyor?
13. Sonunda çocuk ne oluyor?
14. Film nasıl, iyi mi, kötü mü, yoksa heyecanlı mı?

Gazete

- Afedersiniz, bir gazete almak istiyorum. Nereden alabilirim?
- Hemen köşede bir bayi var. Orada her çeşit gazete, dergi ve kitap bulabilirsiniz.
- Siz hangi gazeteyi önerirsiniz? Ben siyasi haberleri okumak istiyorum. Spor haberlerini de severim. Eşim genellikle sinema, tiyatro ve moda haberlerinden hoşlanır.
- Öyleyse iki ayrı gazete almanız gerekiyor. Birisi Cumhuriyet, sizin için; diğeri Yeni Yüzyıl, eşiniz için.
- Çok teşekkür ederim.
- Rica ederim.

gazete	*newspaper*
nereden	*from where*
almak	*to buy*
hemen köşede	*right at the corner*
bayi	*dealer*
çeşit	*kind, sort*
her çeşit	*every kind*
dergi, mecmua	*magazine, periodical*
siyasi	*political*

Mağazada

Satıcı : Yardım edebilir miyim?

Müşteri : Lütfen, küçük bir diş fırçası istiyorum.

Satıcı : Sert mi, yoksa yumuşak mı?

Müşteri : Yumuşak lütfen.

Satıcı : Ne renk istiyorsunuz? Sarı mı, yeşil mi, yoksa mavi mi? Sadece üç renk var.

Müşteri	: Yeşili tercih ederim.
Satıcı	: Buyrun. Başka bir isteğiniz var mı?
Müşteri	: Bir tüp de diş macunu istiyorum.
Satıcı	: Ne marka?
Müşteri	: Lütfen siz önerin. Ben markaları bilmiyorum.
Satıcı	: Ben bu markayı kullanıyorum. Büyük mü, yoksa küçük bir tüp mü istiyorsunuz?
Müşteri	: Küçük tüp lütfen. Borcum ne kadar?
Satıcı	: Diş fırçası elli bin lira. Diş macunu elli iki bin lira. Hepsi yüz iki bin lira.
Müşteri	: Çok teşekkür ederim. Allahaısmarladık.
Satıcı	: Biz teşekkür ederiz. Güle güle.

Yeni Kelimeler / Vocabulary

müşteri	buyer
satıcı tezgahtar	salesman
sert	hard
yumuşak	soft
renk	colour
sarı	yellow
mavi	blue
yeşil	green
tercih etmek	to prefer
tüp	tube
diş fırçası	toothpaste
marka	brand, trade mark
hepsi	altogether
Borcum ne kadar?	How much do I owe you?
kullanmak	to use
önermek	to suggest

The Present Continuous Tense

============ OLUMLU ŞEKİL / Affirmative Form ============

BASE +	(i,ü,u,ı) +	yor	um
BASE	(i,ü,u,ı)	yor	sun
BASE	(i, ü, u, ı)	yor	
BASE	(i,ü,u,ı)	yor	uz
BASE	(i,ü,u,ı)	yor	sunuz
BASE	(i,ü,u,ı)	yor	lar
OKUMAK			"To Read"
OKU		yor	um
OKU		yor	sun
OKU		yor	
OKU		yor	uz
OKU		yor	sunuz
OKU		yor	lar

Exercise with the verbs below:
İçmek, oturmak, yüzmek, yıkanmak, konuşmak
(to drink, to sit, to swim, to wash, to talk)

============ OLUMSUZ ŞEKİL   Negative Form ============

BASE	m + (i,ü,u,ı) +		yor +	um
BASE	m + (i,ü,u,ı) +		yor +	sun
BASE	m + (i,ü,u,ı) +		yor +	
BASE	m + (i,ü,u,ı) +		yor +	uz
BASE	m + (i,ü,u,ı) +		yor +	sunuz
BASE	m + (i,ü,u,ı) +		yor +	lar
GELMEK	"To Come"			
Gel	m	i	yor	um
Gel	m	i	yor	sun
Gel	m	i	yor	
Gel	m	i	yor	uz
Gel	m	i	yor	sunuz
Gel	m	i	yor	lar

Exercise with the verbs below:

İçmek, oturmak, yüzmek, yıkanmak, konuşmak.
(to drink, to sit, to swim, to wash, to speak)

=========== SORU ŞEKLİ Interrogative Form ===========

BASE	(i, ü, ı, u) +	yor +	mu +	yum?
BASE	(i, ü, ı, u)	yor	mu	sun?
BASE	(i, ü, ı, u)	yor	mu?	
BASE	(i, ü, ı, u)	yor	mu +	yuz?
BASE	(i, ü, ı, u)	yor	mu	sunuz?
BASE	(i, ü, ı, u)	yor	lar	mı?

Exercise with the verbs below:

İçmek, oturmak, yüzmek, yıkanmak, konuşmak

====== OLUMSUZ SORU ŞEKLİ Negative Interrogative Form ======

BASE +	m + (i, ü, ı, u)	yor	mu +	yum?
BASE	m(i, ü, ı, u)	yor	mu	sun?
BASE	m(i, ü, ı, u)	yor	mu?	
BASE	m(i, ü, ı, u)	yor	mu	yuz?
BASE	m(i, ü, ı, u)	yor	lar	mı?

GÖRMEK *"To See"*

Gör	m	ü	yor	mu	yum?
Gör	m	ü	yor	mu	sun?
Gör	m	ü	yor	mu?	
Gör	m	ü	yor	mu	yuz?
Gör	m	ü	yor	mu	sunuz?
Gör	m	ü	yor	lar	mı?

DRILL on the Present Continuous Tense
Answer the questions below both in the Affirmative and in the Negative:

Example:

Ali geliyor mu?

(Evet geliyor.)
(Hayır gelmiyor)

1. Orhan Amerika'ya gidiyor mu?
2. Ankara'ya gidiyorlar mı?
3. Bu akşam geliyor musunuz?
4. Gül'ü tanıyor musunuz?
5. Amerika'ya dönüyor musunuz?
6. Bugün geliyor muyuz?
7. Yarın geliyor muyuz?
8. Türkiye'ye geliyorlar mı?

Verb "TO HAVE" (SAHİP OLMAK)
The verb "sahip olmak" corresponds to the English verb "to have".

-Carefully study the following patterns:
Affirmative Form: Olumlu şekil.

Benim evim var.
I have (a) house.

Possesive Pronoun	Noun	Possesive Suffix	Verb "To Have"
Benim	ev	-im	**var.**
Senin	ev	-in	**var.**
Onun	ev	-i	**var.**
Bizim	ev	-imiz	**var.**
Sizin	ev	-iniz	**var.**
Onların	ev	-leri	**var.**

Negative Form: Olumsuz Şekli

Benim evim yok.
I don't have (a) house.

Possessive Pronuon	Noun	Possessive Suffix	Verb "To Have" Neg.
Benim	ev	-im	**yok.**
Senin	ev	-in	**yok.**
Onun	ev	-i	**yok.**
Bizim	ev	-imiz	**yok.**
Sizin	ev	-iniz	**yok.**
Onların	ev	-leri	**yok.**

Interrogative Form: Soru Şekli

Benim evim var mı?
Do I have (a) house?

Possessive Pronoun	Noun	Possessive Suffix	Verb "To Have"	Interrog. Suffix
Benim	ev	-im	**var**	**mı?**
Senin	ev	-in	**var**	**mı?**
Onun	ev	-i	**var**	**mı?**
Bizim	ev	-imiz	**var**	**mı?**
Sizin	ev	-iniz	**var**	**mı?**
Onların	ev	-leri	**var**	**mı?**

Negative-Interrogative Form: Olumsuz Soru Şekli

Benim evim yok mu?
Don't I have (a) house?

Possessive Pronoun	Noun	possessive Suffix	Verb (Neg.Form)	Interrog. Suffix
Benim	ev	-im	**yok**	**mu?**
Senin	ev	-in	**yok**	**mu?**
Onun	ev	-i	**yok**	**mu?**
Bizim	ev	-imiz	**yok**	**mu?**
Sizin	ev	-iniz	**yok**	**mu?**
Onların	ev	-leri	**yok**	**mu?**

Drill on the verb "To Have"
Translate the following sentences into English:

Benim	mavi bir arabam	var.
Sizin	kaleminiz	var mı?
Onun	on bin lirası	var.
Bizim	paramız	yok.
Onların	İngilizce kitabı	yok mu?
Benim	annem	var.
Senin	baban	yok mu?
Bizim	sigaramız	var.
Sizin	kibritiniz	var mı?
Benim	kalemin	yok.

Give the Turkish equivalents of the following sentences:
Do you have a piano?
I have an English book.
We don't have cigarettes.
He has a pen.
Do we have a house?
Don't we have a match?
We have ten thousand liras.
She doesn't have a car.
He has a friend
You don't have a book.

The 'KAÇ' form: *Idiomatic Expressions*

Saat **kaç?**	Saat iki buçuk.
What time is it?	*It is half past two*
Saat **kaçta?**	İki buçukta.
At what time?	*At half past two*
Kaç saat?	İki saat
How many hours?	*Two hours*

Kaç saatte?
How long?
(In how many hours?)

İki saatte
In two hours

Kaç gün?
How many days?

Üç gün.
Three days

Kaç sene?
How many years?

Üç sene.
Three years.

Kaç kere?
How many times?

Beş kere.
Five times.

Taksim'e **kaça** götürürsünüz?
How much do you charge for Taksim?

Yüz elli bine.
One hundred and fifty thousands

Kaç tane elma?
How many apples?

On tane elma
Ten apples.

Elmayı **kaça** veriyor?
How much do you charge for
the apples?

Otuz beş bine veriyor.

He charges thirty five thousands.

Elmayı **kaçtan** veriyorsunuz?
How much do you charge
for the apples?

Otuz beş bine veriyoruz.

We charge thirty five thouands liras.

Elma **kaç** para?
How much are the apples?

Otuz beş binden (otuz beş bine).
Thirty five thousands.

Elmayı **kaçtan (kaça)** aldın?
How much did you pay
for the apples?

Otuz beş binden (otuz beş binden).

Thirty five thausand liras.

Kaçıncı kat?
Which floor?

Üçüncü kat.
Third floor.

Kaçıncı katta?	Üçüncü katta.
On which floor?	*On the third floor.*

Kaç yaşında?	Yirmi dört.
How old?	*Twenty four*

Kaç tarihinde?	1975 tarihinde (1975'te).
On what date,when?	*In 1975.*

Üç tanesi **kaça?**
How much are three items?

Bu yüzük **kaç** para eder?
How much is this ring worth?
Geldi ama, **kaç** para eder; geç kaldı.
He came, but what's the use, he was late.

Kaçıncı ders?
Which lesson?(period)?

TO TELL THE TIME
Telling the time in Turkish, is considered along two dimensions:
1. Announcing the time

a) At the point:
———————————

Saat beş	*It's five o'clock.*
Saat üç	*It's three o'clock.*
Saat yedi	*It's seven o'clock.*

b) Before the point:
———————————

*When the time is before the hour or half-hour, the word **"var"***
is used, and the hour or half-hour takes the goal relational suffix/-(y)a/

Saat beşe on var.	*It's ten to five.*
Saat beş buçuğa iki var.	*It's five twenty eight.*
Saat ikiye on var.	*It's ten to two.*

c) After the point:

*When the time is after the hour or half-hour the verb "**geçmek**" -to pass is used with the /iyor/ suffix, and the hour half-hour takes the /-(y)i/ specific direct object suffix.*

Saat ikiyi beş **geçiyor.**	*It's five past two.*
Saat üçü on **geçiyor.**	*It's ten past three.*
Saat altı buçuğu iki **geçiyor.**	*It's thirty two past six.*

2. Setting the time.

a) At the point:

In setting a time at the hour or half-hour, the point of time is suffixed with the locative relational suffix /-da/

saat ikide	*At two o'clock.*
saat dört**te**	*At four o'clock.*
saat yarım**da**	*At twelve-thirty.*

b) Before the point:

*In setting a time before the hour or half hour, the verb "**kalmak**" to remain occurs in the form "**kala**", and the point of time takes the goal relational suffix /-(y)a/*

Saat beşe on **kala**	*At ten to five.*
Saat üçe yedi **kala.**	*At seven minutes to three.*
Saat dokuza beş **kala.**	*At five to nine.*

c) After the point:

*In setting a time after the hour or half-hour, the form "**geçe**" of the "**geçmek**" -passing is used, and the point of time takes the specific direct object suffix, /-(y)i)*

Saat sekizi beş **geçe.**	*At eight five.*
Saat dördü on sekiz **geçe.**	*At four eighteen.*
Saat yarımı on **geçe.**	*At twelve forty.*

DRILL on Telling the Time:

Saat kaç?	*What time is it?*
Saat beş.	*It's five o'clock.*
Saat üç buçuk.	*It's three thirty.*
Saat beşi on geçiyor.	*It's twelve thirty.*
Saat yarım.	*It's ten past five*
Saat beşi çeyrek geçiyor.	*It's quarter past five.*
Saat altıya üç var.	*It's three minutes to six.*
Saat on buçuğa beş var.	*It's twenty five past ten.*

Saat kaçtı?	*What time was it?*
Saat beşti.	*It was five.*
Saat dörttü.	*It was four.*
Saat iki buçuktu.	*It was two thirty.*
Saat kaçta olacak?	*What time will it be?*
Saat beş olacak.	*It will be five o'clock.*
Saat beş buçuk olacak.	*It will be five thirty.*

GRAMMAR
Vowel Harmony

The Turkish Language is melodious, due to the laws of vowel harmony, whereby words beginning with front or back vowels preserve the same quality.

Turkish is spoken by more than a hundred million people today. In Turkish, there is no gender; no he, she or it, but one word for all three.

There are eight vowels in the Turkish language, (look at Unit I), which are divided into two groups. The first group is "e,i,ö,ü" forming the front vowels, and the second gruop "a,ı,o,u" forming the back vowels.

In the Turkish language, adjectives are obtained from nouns; *and from adjectives and nouns, verbs are built. The language conforms with the modern science of phonetics. Every word is pronounced as it is written.*

The language is based on the principle of vowel harmony. In other words, if the vowel of the first syllable of a word is a front vowel, the vowels of the subsequent syllables have to be front vowels. While, if the vowel of the first syllable of a word is a back vowel, so are the vowels of subsequent syllables. Suffixes have, as a rule, two forms: one with a front vowel and used with front-vowelled words, another with a back vowel, and used with back-voweled words.

Another factor that makes Turkish a musical language, is the abundance of front vowels.

RULE : a Unrounded vowels are followed by unrounded
　　　b. Rounded vowels are followed by rounded vowels.

"a" is followed by "a" or "ı"
"e" is followed by "e" or "i"
"ı" is followed by "ı" or "a"
"i" is followed by "e" or "i"
"o" is followed by "a" or "u"
"ö" is followed by "e" or "ü"

"u" *is followed by* "a" *or* "u"
"ü" *is followed by* "e" *or* "ü"

Some exceptions:

anne	*mother*
kardeş	*brother*
elma	*apple*
şişman	*fat*
hangi	*which*
inanmak	*to believe*

(GRAMER   Grammar)

THE LETTER (Ğ)

The letter (**ğ**) represents different sounds in different positions, and there is a good deal of dialectical difference within Turkey and even a difference between styles of speech by the same person, in the use of this group of sounds. The following explanation will help with the standard pronunciation:

1- When (**ğ**) occurs in a syllable with front unrounded vowels /i/ and /e/ the sound represented is /y/.

İğne	*/iyne/*	*needle*
Eğlenmek	*/eylenmek/*	*to have fun*
Diğer	*/diğèr/*	*other*
Değil	*/deyil,diyìl/*	*not equivalent*

2- When it occurs in a syllable with front rounded or with back vowels, the sound differs in the final syllable and initial syllable positions:

a) In the final syllable position, the sound represented is merely a lengthening of the previous vowel:

Düğme	*/dumè/*	*button*
Öğrenmek	*/orenmék/*	*to learn*
Öğle	*/ole/*	*noon*

b) In the initial syllable position, what is represented is simply a hiatus between the vowels:

Ağır	*/a-ır)*	*heavy, serious*
Yoğurt	*/yo-urt/*	*yoghurt*
Sağa	*/sa-á/*	*to the right*

erkek	*male,man*
evli	*married*
kayınvalide, kaynana	*mother-in-law*
kayınpeder, kayınbaba	*father-in-law*
fare	*mouse*
çift	*pair*
bekar	*unmarried*
örümcek	*spider*
oğul	*son*
amca,dayı,enişte	*uncle*
eş,koca	*husband*
eş,karı	*wife*
genç	*young*
dere	*brook,stream*
bulut	*cloud*
serin	*cool*
karanlık	*dark*
doğu	*east*
batı	*west*
kuzey	*north*
güney	*south*
sonbahar	*fall,autmn*
tarla,alan	*field*
sis	*fog, mist*
ısı	*heat*
tepe	*hill*
nem	*humidity*
çayır	*meadow*
ay	*moon,month*
dağ	*mountain*
çamur	*mud*
ova	*plain*
yağmur	*rain*

ÇEŞİTLİ GAZETELER   "Various Newspapers"

Gazetelerin birinci sayfalarında genellikle siyasi haberler vardır. Bunlar, aynı zamanda, günün önemli haberleridir. Onun için herhangi bir kimse gazeteyi alır almaz birinci sayfaya bir göz atar ve önce önemli haberleri okur. Bazı kimseler spora meraklıdırlar. Onun için önce son sayfaya bakarlar, çünkü spor haberleri son sayfadadır. İç sayfalarda sinema ve tiyatro haberleri vardır.

Bir gazetenin her sayfasında sekiz sütun vardır. Bazı haberler tek sütunda, bazıları iki sütunda, bazıları sekiz sütunda yer alır. Bu, haberin önemine bağlıdır. Her ülkede, her gün çeşitli gazeteler çıkar. Bunların bazıları sabah, bazıları akşam gazeteleridir.

Aşağı yukarı hepsinin fiyatları aynıdır.

Hanımlar genellikle moda ve aktüaliteden hoşlanırlar. Onun için bir ailenin iki ayrı gazete alması gerekir. Birisi evin beyi, diğeri hanımı için.

Yeni Kelimeler / Vocabulary

sayfa	*page*
aynı zamanda	*at the same time*
önemli	*important*
herhangi bir kimse	*anybody*
bir göz atmak	*to take a look at*
meraklı	*interested, curious*
son sayfa	*last page*
sütun	*column*
tek	*single*
yer almak	*to take place*
-e bağlıdır	*depend on...*
ülke	*country*
çeşitli	*various*
çıkmak, basılmak	*to be issued, to be printed*
ilginç	*interesting*
sabah gazetesi	*morning paper*
akşam gazetesi	*evening paper*
hoşlanmak	*to enjoy*
ayrı	*different*
birisi	*one of them*
diğeri	*the other*

Sorular / Questions

1. Siyasi haberler gazetelerin hangi sayfalarındadır?
2. Günün önemli haberleri hangi haberlerdir?
3. Herhangi bir kimse gazeteyi alır almaz hangi sayfaya bakar? Niçin?
4. Bazı insanlar önce hangi haberlere bakarlar?
5. Spor haberleri genellikle hangi sayfadadır?
6. Bazı kimseler hangi haberlere bakarlar?
7. Sinema, tiyatro ve moda haberleri hangi sayfadadır?
8. Bir gazetenin her sayfasında kaç sütun vardır?
9. Bazı haberler bir, bazıları daha çok sütunda yer alır. Niçin?
10. Gazeteler ne zaman çıkar?

The Positive Abilitative: CAN, MAY

A verbal extension suffix may occur between the verb root and infinitive suffix **-mak:**

Buraya gel e bilir siniz. *You can come here.* Onu gör e bilir siniz. *You can see him.*

The infinitive form of the verbs, as can be seen, is **GELEBİLMEK,** *which in English, would be* **"to be able to come"** *or* **"to be permitted to come"** *.The extended base of this verb is* **GELEBİL** *and this from can be inflected with all the various suffixes appropriate to any verb root or base.*

The meanings of the verbal extensions in Turkish include forms such as the **"passive", "causitive", "reciprocal"** *and the* **"negative"** *The negative verbal extension is/-ma/. The development of the abilitative in Turkish comes from the relation between* **knowing** *how to do something and* **being able to** *do it. In this construction, the suffix* **BİL** *can be inflected with any of the participle suffixes or verbal noun suffixes but it does not accept any verb extension, including the negative.*

The negative of the forms treated above is not formed with the negative stem of the verb **BİLMEK,** *but rather with the negative verbal extension* **/-ma/** *added to the verbal noun form with the suffix* **/-(y)a/.** *Kitapları açmayabilirsiniz. You may not open the books.*

Kitapları açamazsınız. You cannot open the books.

Don't forget that **/-ma/** *is an unstressable suffix, and the stress remains on the* **/-(y)a/** *suffix throughout.*

This is true even in the forms with the negative particeple, the suffix of which is **/-maz/.**

The negative of the paritciple with **/-(a,i)r/,** *is formed with the suffix* **/-ma (z)/** *and it is unstresable.*

The form **"açama"** *in the example above, is an extended verb base with two suffixes:* **/-(y)a/** *representing here the "abilitative" concept, and* **/-ma/** *the negative concept. As an extended base, this form may serve as a stem for a great variety of verbal forms, including the positive abilitative.* **Thus, a form like:** *Açamayabilirsiniz: You may be unable to open (it)*

(or)

You may not be able to open (it)

Present Continuous Tense, Affirmative Form

GÖRMEK   "To See"

BASE +	ebil(-abil) +	Tense Sign +	Personal Suffix
Gör	-ebil	-iyor	-um
Gör	-ebil	-iyor	-sun
Gör	-ebil	-iyor	
Gör	-ebil	-iyor	-uz
Gör	-ebil	-iyor	-sunuz
Gör	-ebil	-iyor	-lar

Present Continuous Tense, Negative Form

BASE +	(y)e,-(y)a +	Neg. Suffix +	Tense Sign +	Personal Suffix
Gör	-e	-mi	-yor	-um
Gör	-e	-mi	-yor	-sun
Gör	-e	-mi	-yor	
Gör	-e	-mi	-yor	-uz
Gör	-e	-mi	-yor	-sunuz
Gör	-e	-mi	-yor	-lar

Present Continuous Tense, Interrogative Form

BASE +	-ebil(-abil) +	Tense Sign +	Interrog Suffix +	Personal Suffix
Gör	-ebil	-iyor	mu	-(y)um?
Gör	-ebil	-iyor	mu	-sun?
Gör	-ebil	-iyor	mu	
Gör	-ebil	-iyor	mu	-(y)uz?
Gör	-ebil	-iyor	mu	sunuz?
Gör	-ebil	-iyor(lar)	mı?	

Simple Past Tense, Affirmative Form

BASE +	-ebil(-abil) +	Tense Sign +	Personal Suffix
Gör	-ebil	-d	-im
Gör	-ebil	-d	-in
Gör	-ebil	-d	-i
Gör	-ebil	-d	-ik
Gör	-ebil	-d	-iniz
Gör	-ebil	-d	-iler

Simple Past Tense, Negative Form

BASE +	-(y)e,-(y)a +	Neg. Suffix +	Tense Sign +	Personal Suffix
Gör	-e	-me	-d	-im
Gör	-e	-me	-d	-in
Gör	-e	-me	-d	-i
Gör	-e	-me	-d	-ik
Gör	-e	-me	-d	-iniz
Gör	-e	-me	-d	-iler

Simple Past Tense, Interrogative Form

BASE +	-ebil,(-abil) +	Tense Sign +	Personal Suffix +	Interrog. Suffix
Gör	ebil	-d	-im	mi?
Gör	ebil	-d	-in	mi?
Gör	ebil	-d	-i	mi?
Gör	ebil	-d	-ik	mi?
Gör	ebil	-d	-iniz	mi?
Gör	ebil	-d	-iler	mi?

Future Tense, Affirmative Form

BASE +	-ebil,(-abil) +	Tense Sign +	Personal suffix
Gör	-ebil	-eceğ(k)	-im
Gör	-ebil	-ecek	-sin
Gör	-ebil	-ecek	
Gör	-ebil	-eceğ(k)	-iz
Gör	-ebil	-ecek	-siniz
Gör	-ebil	-ecek	-ler

Future Tense, Negative Form

BASE +	(y)e,(y)a +	Neg. Suffix +	Tense Sign +	Personal Suffix
Gör	-e	-mi(y)	-eceğ(k)	-im
Gör	-e	-mi(y)	-ecek	-sin
Gör	-e	-mi(y)	-ecek	
Gör	-e	-mi(y)	-eceğ(k)	-iz
Gör	-e	-mi(y)	-ecek	-siniz
Gör	-e	-mi(y)	-ecek	-ler

Future Tense, Interrogative Form

BASE +	-ebil,(-abil)	Tense + S.gn	Interrog. + Suffix	Personal + Suffix
Gör	-ebil	-ecek	mi(y)	-im?
Gör	-ebil	-ecek	mi	-sin?
Gör	-ebil	-ecek	mi?	
Gör	-ebil	-ecek	mi(y)	-iz?
Gör	-ebil	-ecek	mi	-siniz?
Gör	-ebil	-ecek(ler)	mi?	

DRILL on -EBİL, -ABİL

Dün eve gelebildim.

Şimdi eve gelebiliyorum.

Yarın eve gelebileceğim.

Geçen akşam güzel bir film seyredebildim.

Şimdi güzel bir film seyredebiliyorum.

Yarın akşam güzel bir film seyredebileceğim.

Ben yemek pişiremiyorum.

Ben yemek pişiremedim.

Sen Türçke öğrenebiliyor musun?

Sen Türkçe öğrenebildin mi?

Sen Türkçe öğrenebilecek misin?

O mektubu okuyabiliyor.

O mektubu okuyamacak.

Siz araba kullanabiliyor musunuz?

Siz o kitabı okuyabildiniz mi?

Siz Türkçe gazete okuyabilecek misiniz?

Biz hepimiz çok güzel tenis oynayabiliriyoruz.

Biz hepimiz çok güzel tenis oynayamadık.

Biz hepimiz çok güzel tenis oynayabilecek miyiz?

Onlar dün akşam televizyon seyr(ed)ebildiler.

Onlar televziyon seyr(ed)ebiliyorlar.

onlar yarın akşam televziyon seyr(ed)ebilecekler.

Biz hepimiz çok güzel tenis oynayabiliyoruz.

Biz hepimiz çok güzel tenis oynayamadık.

Onlar dün akşam televizyon seyr(ed)ebildiler.

Onlar yarın akşam televizyon seyredebilecekler.

Simple Past Tense, Affirmative Form

Dün akşam Ankara'ya gidebildi.
Dün gece arkadaşıma saat on birde telefon edebildim
Ona haber verebildiniz mi?
Postaneye uğrayabildiniz mi?
Dün akşam evde yemek yiyebildim.
Bu sabah arkadaşımla konuşabildim.
Sabahleyin on mektup yazabildiler.

Present Continuous Tense, Affirmative Form

Babam hergün eve gelebiliyor.
Okuldan eşime her gün telefon edebiliyorum.
Her akşam kitap okuyabiliyorum.
Her zaman İngilizce konuşabiliyorum.
Her gün ders çalışabiliyorum.

Presenet Continuous Tense, Interrogative Form

Babam her gün eve gelebiliyor mu?
Okuldan eşime her gün telefon edebiliyor muyum?
Her akşam kitap okuyabiliyor muyum?
Her zaman İngilizce konuşabiliyor muyuz?
Her gün ders çalışabiliyor musunuz?
Her sabah kahvaltı edebiliyorlar mı?
Her hafta ona mektup yazabiliyor musunuz?

Future Tense, Affirmative Form

Yarın akşam burada olabileceğim.
Yarın akşam burada olabileceksin..
Yarın akşam burada olabilecek.
Yarın akşam burada olabileceğiz.
Yarın akşam burada olabileceksiniz.
Yarın akşam burada olabilecekler.

Future Tense, Interrogative Form

Yarın trenle Ankara'ya gidebilecek miyim?
Yarın trenle Ankara'ya gidebilecek misin?
Yarın trenle Ankara'ya gidebilecek mi?
Yarın trenle Ankara'ya gidebilecek miyiz?
Yarın trenle Ankara'ya gidebilecek misiniz?
Yarın trenle Ankara'ya gidebilecekler mi?

Benim adım Tahsin Yılmaz'dır. Ben büyük bir şirkette çalışırım. Bu şirkette her gün 20 personel çalışır. Hüseyin Bey benim şefimdir. O çok çalışır. Bizim şirkette herkes çok çalışır ve elinden geleni yapar. Tabii birkaç kişi çok çalışmaz. Bu her yerde hemen hemen aynıdır.

Hüseyin Bey'in özel bir ofisi ve bir de sekreteri vardır. Sevim Hanım onun sekreteridir. Sevim Hanım, Hüseyin Bey'e her zaman ve her işte faydalı olur. Sevim Hanım bana yardım etmez, çünkü o Hüseyin Bey'in sekreteridir. Benim özel ofisim yoktur, ama sekreterim vardır. Onun ismi Yıldız Erman'dır.

Bütün önemli ziyaretçileri Hüseyin Bey karşılar ve onlarla konuşur. Ziyaretçileri ben karşılamam. Bu Hüseyin Bey'in işidir. Hüseyin Bey'in sekreteri Sevim Hanım da ziyaretçileri karşılamaz. Ben bazen ziyaretçilerle konuşuyorum, ama her zaman değil.

Hüseyin Bey, her gün bir çok mektup yazar ve onları müşterilere gönderir. Ben de mektup yazarım, ama bu mektupları diğer şirketlere gönderirim, müşterilere göndermem. Bu Hüseyin Bey'in görevidir.

Ben genellikle istatistik hazırlarım ve Hüseyin Bey adına raporları yazarım. Hüseyin Bey bu raporları dikkatle okur. Ben istatistikleri yardımcılarımdan alırım. Benim iki yardımcım vardır. Birisi Ertuğrul, diğeri Necdet'tir. Onlar bana yardım ederler, ama mektup ve rapor yazmazlar. Onlar personelden haber ve bilgi toplarlar. Sonra bu bilgi ve haberleri sekreterime verirler. Sekreterim, sonra bu bilgileri bana verir.

Benim sekreterim rapor yazmaz, fakat benim bütün mektuplarımı o yazar. Mektupları açar ve okur. Önemli mektupları bana verir. Diğer mektupları vermez. Önemli mektuplara ben cevap yazarken, diğer mektuplara sekreterim cevap yazar.

Yeni Kelimeler / Vocabulary

şirket	*company*
şef	*boss*
çok çalışmak	*to work hard*
hemen hemen	*almost*
elinden geleni yapmak	*to do one's best*
tabii	*of course*
birkaç	*a few*
özel	*private*
faydalı olmak	*to be useful*
önemli	*important*
ziyaretçi	*visitor*
müşteri	*customer*
hazırlamak	*prepare*
yardımcı	*assistant*
haber	*information*
bilgi	*knowledge*
toplamak	*to collect*

Sorular / Questions

1. Tahsin Yılmaz nerede çalışır?
2. Bu şirkette kaç kişi çalışır?
3. Hüseyin Bey kimdir?
4. Bu şirkette herkes çok çalışır mı?
5. Hüseyin Bey'in nesi var.
6. Sevim Hanım kimdir?
7. Sevim Hanım Tahsin Bey'e yardım eder mi, niçin?
8. Yıldız Erman kimdir?
9. Önemli ziyaretçileri kim karşılar?
10. Tahsin Bey, ziyaretçilerle her zaman konuşur mu?
11. Mektupları kim yazar?
12. Tahsin Bey mektupları nereye gönderir?
13. Tahsin Bey genellikle ne hazırlar?
14. Ertuğrul ve Necdet kimdir?
15. Onlar ne yaparlar?
16. Tahsin Bey istatistikleri kimden alır?
17. Tahsin Bey'in sekreteri ne yapar?

Exercises: (Use the Simple Present Tense)

1. Fill in the blanks with the proper form of the verbs:

(1) Tahsin Yılmaz bir şirkette ....(çalışmak).

(2) Benim şefim çok.................(çalışmak).

(3) Hemen hemen herkes..............(çok çalışmak).

(4) Biz hepimiz saat 9'dan 5'e kadar.................(çalışmak).

(5) Hüseyin Bey'in özel bir ofisi.................(var).

(6) Sevim Hanım bütün mektupları...................(yazmak).

(7) Benim mektuplarımı sekreterim...................(okumak).

(8) Ertuğrul ve Necdet haber ve bilgi.................(toplamak).

(9) Yıldız Hanım da bilgi................(toplamak)

Change the sentences above into the negative and interrogative form.

Example:

- Tahsin Yılmaz bir şirkette çalışmaz.
- Tahsin Yılmaz bir şirkette çalışır mı?

2. Change the sentences below into the third person singular form:

(1) Ben her gün işime zamanında giderim.

(2) Onlar her gün çok mektup yazarlar.

(3) Ben Hüseyin Bey'le her sabah tam bir saat konuşurum.

(4) Biz diğer şirketlere yazı yazarız.

(5) Ben genellikle çok konuşurum.

(6) Siz daima rapor yazarsınız.

(7) Onların özel ofisi vardır.

(8) Ben şefim.

(9) Sekreterler genellikle rapor yazarlar.

(10) Biz her gün erken kalkarız.

3. Conjugate the verbs below in the negative, affirmative and interrogative form

Examples:

-Gelirim	-Gelmem	-Gelir miyim?
Gelirsin	Gelmezsin	Gelir misin?
Gelir	Gelmez	Gelir mi?
Geliriz	Gelmeyiz	Gelir miyiz?
Gelirsiniz	Gelmezsiniz	Gelir misiniz?
Gelirler	Gelmezler	Gelirler mi?

çalışmak, okumak, yazmak, görmek, bilmek, konuşmak, gitmek, yemek, içmek, binmek, inmek, gülmek, yürümek, oturmak, uyumak, vermek.

4. Make up sentences by using the words and verbs in each line.

Example:

- her sabah, kalkmak, 9.30
Ben her sabah 9:30'da kalkarım.

(1) Şirket, çalışmak, ben,

(2) O, yazmak, mektup,

(3) Biz, iş, yürümek.

(4) Otobüs, binmek, durak, her gün, ben,

(5) Onlar, yemek, her sabah, 8:30

(6) Kahvaltı, hazırlamak, eş

(7) İçmek, çay, her zaman

(8) Ahmet Bey, araba, gitmek, iş

(9) Dolmuş, durak, kalkmak, her saat

(10) Sekreter, her gün, mektup, yazmak

Bir arkadaşla karşılaşma / "Meeting a Friend"

Birisi yolda arkadaşını görüyor ve "Benzinci nerede?" diye soruyor. Arkadaşı "Buralarda benzinci yok" diyor, "Benzinci biraz ilerde, aşağı yukarı yolun sonunda, ama bugün Pazar ve benzinci kapalı. Bir benzinci daha var, ama çok uzak. Tam bir saat sürer." İki arkadaş bir taksiye biniyorlar ve öbür benzinciye gidiyorlar.

Yeni Kelimeler / Vocabulary

birisi	someone
yolda	on the way
arkadaş	friend
ona	to him, to her, to it
sormak	to ask
aşağı yukarı	about
yolun	of the street
son	end
sonu	its end
yolun sonunda	at the end of the street
kapalı	closed
açık	open
daha	more
uzak	far
binmek	to get on
inmek	to get off
öbür	other

1. Birisi yolda kimi görüyor?
2. Kim arkadaşını görüyor?
3. Birisi arkadaşını nerede görüyor?
4. Arkadaşına ne soruyor?
5. Arkadaşı ne diyor?
6. Benzinci nerede? Bugün açık mı? Niçin?
7. Öbür benzinci nerede?
8. İki arkadaş öbür benzinciye nasıl gidiyorlar?

Yardım eder misiniz? / "Could you help me?"

Ali   : Afedersiniz.
Ahmet : Rica ederim, buyrun.
Ali   : Yabancıyım. Bana yardım eder misiniz?
Ahmet : Tabi, memnuniyetle.
Ali   : Buralarda bir postane var mı?
Ahmet : Buralarda birkaç tane postane var.
Ali   : En yakın hangisi acaba?
Ahmet : Hemen şurada, yürüyerek gidin. En çok beş dakika sürer.
Ali   : Çok teşekkür ederim.
Ahmet : Rica ederim.

yabancı	*foreigner*
yardım	*help*
Yardım eder misiniz?	*Could you help?*
Yardım edebilir miyim?	*May I help you?*
bir kaç (tane)	*a few*
memnuniyetle	*with pleasure*
yakın	*close, near*
en yakın	*the closest, the nearest*
hemen şurada	*right here*
yürüyerek	*on foot*
gidin	*go (Imperative)*
en çok	*the most*
en az	*the least*

Ne kadar sürer ? / "How long does it take?"

A- Merhaba Ahmet Bey, nasılsınız?
B- Teşekkür ederim.
A- Buralarda bir benzinci var mı?
B- Ne yazık ki, buralarda yok. Biraz uzakta.
A- Buradan ne kadar sürer?
B- Ne ile?
A- Yürüyerek. Yolu tarif eder misiniz?
B- Tabii, ama biraz bekleyin.
A- Peki, bekliyorum.
B- Haydi gidelim.
A- Size zahmet olmasın.
B- Hayır, ben de genellikle oradan alırım.

benzin	*petrol*
benzinci	*garage*
ama, fakat	*but*
ne kadar	*how long*
dakika	*minute*
saat	*hour*
metre	*meter*
tarif	*description*
tarif etmek	*to describe*
yol	*road, way*
tabii, elbette	*of course*
zaten	*anyway*
gitmek	*to go*
almak	*to buy*
her zaman, daima	*all the time, always*
genellikle	*usually, generally*
beklemek	*to wait*
ne yazık ki, maalesef	*unfortunately*

DRILL on Vocabulary

-BENZİN
  Benzin istasyonu
  Benzinci
  Benzinci nerede?
-SÜRER
  Ne kadar sürer?
  Kaç saat sürer?
  Bir saat sürer.
  Bir kilometre sürer.
-TARİF
  Yolu tarif edin.
  Doğru gidin.
  Oteli tarif edin.
-NE YAZIK Kİ
  Ne yazık ki burada yok.
  Ne yazık ki burada postane yok.

İstanbul'dan İzmir'e vapurla ne kadar sürer?
İstanbul'dan İzmir'e trenle ne kadar sürer?
İstanbul'dan İzmir'e taksiyle ne kadar sürer?
İstanbul'dan İzmir'e otobüsle ne kadar sürer?
İstanbul'dan İzmir'e uçakla ne kadar sürer?
İstanbul'dan İzmir'e dolmuşla ne kadar sürer?
İstanbul'dan İzmir'e yürüyerek ne kadar sürer?

Cevaplar / Answers

İstanbul'dan İzmir'e vapurla bir gün sürer.
İstanbul'dan İzmir'e trenle on beş saat sürer.
İstanbul'dan İzmir'e taksiyle sekiz saat sürer.
İstanbul'dan İzmir'e otobüsle on iki saat sürer.
İstanbul'dan İzmir'e uçakla kırk beş dakika sürer.
İstanbul'dan İzmir'e dolmuşla dokuz saat sürer.
İstanbul'dan İzmir'e yürüyerek on beş gün sürer.

Amerika'dan Türkiye uçakla ne kadar sürer?
- On iki saat sürer.
- Uçakla on iki saat sürer.
- Amerika'dan Türkiye uçakla on iki saat sürer.

İstanbul'dan İzmir'e otobüsle ne kadar sürer?
- Bir gün sürer.
- Otobüsle bir gün sürer.
- İstanbul'dan İzmir'e otobüsle bir gün sürer.

Kadıköy'den Karaköy'e vapurla ne kadar sürer?
- On beş dakika sürer.
- Vapurla on beş dakika sürer.
- Kadıköy'den Karaköy'e vapurla on beş dakika sürer.

Şişli'den Karaköy'e taksiyle ne kadar sürer?
- Yirmi dakika sürer.
- Taksiyle yirmi dakika sürer.
- Şişli'den Karaköy'e taksiyle yirmi dakika sürer.

Okuldan hava alanına otobüsle ne kadar sürer?
- Bir saat sürer.
- Otobüsle bir saat sürer.
- Hava alanına otobüsle bir saat sürer.
- Okuldan hava alanına otobüsle bir saat sürer.

Kütüphaneye Gidiş / "Going to the Library"

Ahmet Bey'in küçük kızı okumaya çok meraklıdır. Günde dört saat kitap, gazete ve dergi okur. Her sabah saat sekizde kalkar ve gazete okur. Sonra kahvaltı eder ve kütüphaneye gider. Orada tam iki buçuk saat kalır ve çeşitli kitaplar okur. Kütüphane memuru onun yakın arkadaşıdır. Yeni kitapları her gün ona gösterir ve o da okur.
Akşam yemeğinden sonra evde herkes televizyonu izler. Fakat Ahmet Bey'in küçük kızı odasında kitap okur. Kitap okumak dışında, bazen tiyatroya gider.

günde dört saat	*four hours a day*
haftada üç defa	*three times a week*
dergi	*magazine*
çeşitli, muhtelif	*different kinds of, various*
kütüphane memuru	*librarian*
yakın arkadaş	*close friend*

1. Ahmet Bey'in kızı neye meraklıdır?
2. O her gün ne yapar?
3. Günde kaç saat okur?
4. Her sabah saat kaçta kalkar ve kalktıktan sonra ne yapar?
5. Kütüphaneden sonra ne yapar?
6. Kütüphanede ne kadar kalır ve orada ne yapar?
7. Kütüphane memuru kimdir?
8. Evde herkes akşam yemeğinden sonra ne yapar?
9. Ahmet Bey'in küçük kızı akşam yemeğinden sonra televizyonu izler mi? Ne yapar?
10. Siz kitap okumaya meraklı mısınız?

Ormancı ailesi Moda'da oturur. Moda İstanbul'un küçük bir bölgesidir. Moda Anadolu tarafında ve deniz kenarındadır. Moda, İstanbul'un merkezinden aşağı yukarı 15 km. uzaktadır.

Bay Ormancı Moda'da oturur fakat İstanbul'da çalışır. O haftada beş gün işe gider. Cumartesi ve Pazar günleri çalışmaz.

Ormancıların bir oğlu ve bir de kızı vardır. Ahmet on yedi yaşındaır ve öğrencidir. Nermin yirmi yaşındadır ve bir ofiste çalışır. Nermin'in erkek arkadaşı Mehmet bir fabrikada çalışır ve bir gün fabrikanın müdürü olmayı düşünür.

Bayan Ormancı ev kadınıdır. O, pazartesi öğleden sonra alışverişe gider. Bazen çarşamba ve Cuma günleri de alışverişe gider. Perşembe günleri hiçbir yere gitmez, evde oturur ve arkadaşlarını davet eder.

Bayan Ormancı, Perşembe günleri fırından taze kek ve ekmek alır. Fırının yanında büyük bir manav vardır. Manav, sebze ve meyve satar. Bayan Ormancı genellikle elma, portakal, armut, lahana, soğan ve patates alır, çünkü Bay Ormancı bu sebze ve meyveleri çok sever. Fırıncı, daima müşterilerine çok nazik davranır. O "müşteri daima haklıdır" der. Ama onun kek ve ekmeği her zaman taze değildir. Manav, her zaman nazik değildir, bazen yanlış bozuk para verir, ama meyve ve sebzesi her zaman tazedir.

Moda çok küçük bir yerdir, ama caddeleri her zaman taksi, otobüs ve bisikletlerle doludur.

Bayan Ormancı şimdi çarşıda ve alış-veriş yapıyor.

Fırında / "At the Baker's"

Bayan Ormancı	:	İyi günler efendim. İki taze ekmek istyorum. Bugün kapıcı ekmek getirmedi.
Fırıncı	:	Özür dilerim Bayan Ormancı. Bugün ekmek geç çıktı.
Bayan Ormancı	:	Taze kekiniz var mı?
Fırıncı	:	Vitrindeki kekler çok tazedir. Biliyorsunuz biz her sabah taze kek yaparız.
Bayan Ormancı	:	Bir büyük, beş küçük kek lütfen. Hepsi kaç lira?
Fırıncı	:	Büyük kek yüz bin küçük kek elli bin lira. Hepsi üç yüz elli bin lira.
Bayan Ormancı	:	İşte üç yüz elli bin lira. Çok teşekkür ederim.
Fırıncı	:	Rica ederim. Ben teşekkür ederim.

Manavda / "At the Greengrocer's"

Bayan Ormancı	:	Portakal kaça?
Manav	:	Kilosu elli bin lira. Çok taze ve tatlı.

Bayan Ormancı	: İki kilo lütfen. Elmalar kaça?
Manav	: Kilosu kırk bin lira. Bunlar Amasya elmasıdır ve serttir.
Bayan Ormancı	: İki kilo da elma istiyorum. Hepsi ne kadar tuttu?
Manav	: Hepsi yüz seksen bin lira.
Bayan Ormancı	: Bir lahana, iki kilo soğan istiyorum. Şimdi hepsi kaç lira?
Manav	: Şimdi hepsi iki yüz doksan bin lira.
Bayan Ormancı	: Hepsini bu torbaya koyar mısınız lütfen?

Bayan Ormancı Caddede / "Mrs. Ormancı in the Street"

Bayan Ormancı	: Merhaba Ayşe Hanım. Ne güzel bir gün.
Ayşe	: O! Merhaba. Nasılsınız? Gerçekten çok güzel bir gün. Alışverişe mi çıktınız?
Bayan Ormancı	: Evet, sebze ve meyve aldım. Biraz da kek aldım. Bugün misafirlerim gelecek.
Ayşe	: Eşiniz ve çocuklar nasıl?
Bayan Ormancı	: Hepsi çok iyi. Sizinkiler nasıl?
Ayşe	: Onlar da çok iyi. Teşekkür ederim.
Bayan Ormancı	: Öğleden sonra siz de gelmez misiniz? Misafirlerimi tanıyorsunuz.
Ayşe	: Çok arzu ederim, ama imkansız. Çok önemli randevum var.
Bayan Ormancı	: Peki, görüşürüz. Allahaısmarladık.
Ayşe	: Güle güle.

169

alışveriş	*shopping*
bölge	*district*
Anadolu tarafı	*Anatolian side*
merkez	*centre*
öğrenci	*student*
erkek arkadaş	*boy-friend*
fabrika	*factory*
müdür	*manager*
ev kadını	*housewife*
bazen	*sometimes*
hiçbir yer	*nowhere*
davet etmek	*to invite*
fırın	*baker's*
ekmek	*bread*
kek	*cake*
manav	*greengrocer's*
sebze	*vegetable*
meyve	*fruit*
elma	*apple*
portakal	*orange*
armut	*pear*
lahana	*cabbage*
soğan	*onion*
patates	*potato*
müşteri	*customer*
müşteri daima haklıdır	*the customer is always right*
taze	*fresh*
nazik	*polite*
bozuk para	*wrong*
vitrin	*shop window*
hepsi	*altogether*
Ne güzel bir gün	*What a nice day*
misafir	*guest*
sizinkiler	*yours*

arzu etmek	*to wish*
imkansız	*impossible*
randevu	*appointment*

1. Moda nerededir ve orada kim oturur?
2. Moda İstanbul'un merkezinden ne kadar uzaktır?
3. Bay Ormancı nerede çalışır?
4. Bay Ormancı haftada kaç gün çalışır? Hangi günler çalışmaz?
5. Ormancıların kaç çocuğu vardır?
6. Çocuklar kaç yaşındadır ve nerede çalışırlar?
7. Mehmet kimdir? Nerede çalışır ve ne olmak ister?
8. Bayan Ormancı nerede çalışır? Ne zaman alışverişe gider? Perşembe günleri ne yapar?
9. Bayan Ormancı Perşembe günleri fırından ne alır? Niçin?
10. Bayan Ormancı manavdan neler alır? Niçin?
11. Fırıncı ve manav, müşterilerine nasıl davranır?
12. Fırıncı ne der?
13. Bayan Ormancı fırından ve manavdan neler aldı ve kaç lira ödedi?
14. Bayan Ormancı caddede kime rastladı?

BAY ve BAYAN YENİSU / "Mr. and Mrs. Yenisu"

Bay ve Bayan Yenisu İstanbul'da otururlar. Bayan Yenisu bir laboratuarda kimyager, Bay Yenisu bir reklam şirketinde reklamcı olarak çalışır. Bay Yenisu sık sık iş seyahatine çıkar. Bayan Yenisu yalnız kalır, fakat hiç sıkılmaz ve enteresan şeyler bulur.

Bayan Yenisu genellikle caz sever, klasik müzikten hoşlanır ve yabancı filmleri seyreder. Bazen Alman lokantasına gider ve Alman yemekleri yer. Hafta sonlarında tenis oynar, çok yorulur ve duş alır.

Akşamları uyumadan önce kitap okur. O, genellikle macera kitaplarını sever. Eşi ona her hafta bir kitap satın alır.

Bay Yenisu sabahları erken kalkar, arabasıyla işe gider, çok çalışır ve akşam eve döner. Akşam yemeğinden sonra, kısa bir süre televizyon seyreder ve sonra uyur.

Onlar Cumartesi akşamları birlikte yemeğe çıkarlar, dans ederler ve arkadaşlarını ziyaret ederler.

Yeni Kelimeler / Vocabulary

laboratuar	*laboratory*
kimyager	*chemist*
reklam şirketi	*advertising agency*
sık sık	*often*
iş seyahati	*business trip*
yalnız kalmak	*to stay alone*
sıkılmak	*to be bored*
caz	*jazz*
yorulmak	*to get tired*
duş almak	*to take a shower*
macera	*adventure*

1. Bay ve Bayan Yenisu nerede oturur?
2. Bay Yenisu ve Bayan Yenisu nerede çalışırlar?
3. Bay Yenisu seyahate çıkar mı? Ne zaman çıkar?
4. Bayan Yenisu, eşi seyahatteyken sıkılır mı? Niçin?
5. Bayan Yenisu akşamları uyumadan önce ne yapar? O nasıl kitapları okur?
6. Kim kime kitap alır? Ne zaman alır?
7. Kim sabahları erken kalkar?
8. Bay Yenisu işe nasıl gider ve eve ne zaman döner?
9. O, yani Bay Yenisu akşam yemeğinden sonra ne yapar?
10. Onlar Cumartesi akşamları ne yaparlar? Kimleri ziyaret ederler?

GRAMER

The Simple Present Tense

Affirmative Form

BASE +	Pers. Suffix (a,-ı)	Part. Suffix Suffix	
Gel	ir	im	*I come*
Gel	ir	sin	*You come*
Gel	ir		*He, she, it comes*
Gel	ir	iz	*We come*
Gel	ir	siniz	*You come*
Gel	ir	ler	*They come*

Drill on the Affirmative Form

Giderim	*I go*
Görürüm	*I see*
Bulurum	*I find*
Alırım	*I take*
Vererim	*I give*

The time expressions that are used in the Simple Present Tense are:

daima	always
her zaman	every time
her gün	every day
her ay	every month
genellikle	generally

This tense is used for:

a. Statements of general validity or,
b. Statements of indefinite but habitual action.

Drill on the Affirmative Form

- Ben her akşam televizyon seyrederim.
  I watch T.V. every night.
- O her sabah erken kalkar.
  He gets up early every morning.
- Biz genellikle İngilizce konuşuruz.
  We generally speak English.

Negative Form

BASE +	Neg.Infix (-me,ma)z	Pers. Suffix	
Gel	me	m	*I don't come*
Gel	mez	sin	*You don't come*
Gel	mez		*He,she,it doesn't come*
Gel	me	yiz	*We don't come*
Gel	mez	siniz	*You don't come*
Gel	mez	ler	*They don't come*

Drill on the Negative Form

Gitmem	I don't go
Görmem	I don't see
Bulmam	I don't find
Almam	I don't take
Vermem	I don't give

- Ben her akşam televizyon seyretmem.

I don't watch T.V. every night.

- O her sabah erken kalkmaz.

He doesn't get up early every morning.

-Biz genellikle İngilizce konuşmayız.

We generally don't speak English.

Interrogative Form

	Part. Suffix		Int.Infix	Pers.
BASE	(-a,-ı)r +	m(ı,i,u,ü) +	Suffix	
Gel	ir	mi	(y)im?	*do I come?*
Gel	ir	mi	sin?	*do you come?*
Gel	ir	mi?		*does he (she, it) come?*
Gel	ir	mi	yiz?	*do we come?*
Gel	ir	mi	siniz?	*do you come?*
Gel	ir(ler)	mi?		*do they come?*

Drill on the Interrogative Form

Gider miyim?	*Do I go?*
Görür müyüm?	*Do I see?*
Bulur muyum?	*Do I find?*
Alır mıyım?	*Do I take?*
Verir miyim?	*Do I give?*

- Ben her akşam televizyon seyreder miyim?

Do I watch T.V. every night?

- O her sabah erken kalkar mı?

Doesn't he get up early every morning?

-Biz genellikle İngilizce konuşur muyuz?

Do we generally speak English?

Negative-Interrogative Form

	Neg. Infix	IntSuffix	Pers.	
BASE +	(me,ma)z +		m(i,ı,ü,u) +	Suffix
Gel	mez	mi	(y)im?	*Don't I come?*
Gel	mez	mi	sin?	*Don't you come?*
Gel	mez	mi?		*Doesn't he (she, it) come?*
Gel	mez	mi	yiz?	*Don't we come?*
Gel	mez(ler)	mi		*Don't they come?*

Drill on the Negative-Interrogative Form

Gitmez miyim?	*Don't I go?*
Görmez miyim?	*Don't I see?*
Bulmaz mıyım?	*Don't I find?*
Almaz mıyım?	*Don't I take?*
Vermez miyim?	*Don't I give?*

- Ben her akşam televizyon seyretmez miyim?
  Don't I watch T.V. every night?
- O her sabah erken kalkmaz mı?
  Doesn't he get up early every morning?
- Biz genelilkle İngilizce konuşmaz mıyız?
  Don't we generally speak English?

-DENBERİ -DİR -DÜR
-DANBERİ -DIR -DUR   *"Since, for"*

Üç saat**ten beri** (saattir) onu dinliyorum.
I have been listening to him for three hours.
1950'**den beri** onu görmedim.
I haven't seen him since 1950.
*In place of the preposition **"since"**, the endings **"-denberi"** and **"danberi"**
are added to nouns*

salı**dan beri**	*since tuesday*
dün**den beri**	*since yesterday*
geçen kış**tanberi**	*since last winter*
1969'**tan beri**	*since 1969*

*In place of presposition **"for"** (meaning a period of time), the endings*
" den beri,-danberi, -tanberi-, dir,-dır,-dür" *and* **"dur"** *are added to nouns:*

Uzun zaman**dır**, uzun zaman**dan beri**	*for a long time*
Üç gün**dür**, üç gün**denberi**	*for three days*
İki sene**dir**, İki sene**denberi**	*for two years*

Note: *Endings* **-dir,-dır,-dur** *and* **-dür** *DO NOT GO with the preposition*
"since" *.They are **ONLY GO FOR** the preposition **"for"**.*

Examples:

İki hafta**dan beri** (iki haftadır) sigara içmiyorum.
I stopped smoking for the last two weeks.
Uzun zaman**dan beri** (zamandır) Türkçe konuşmuyorum.
I haven't been speaking Turkish for a long time.
Saat üç**ten beri** kız kardeşimi bekliyorum.
I have been waiting for my sister since three o'clock.

GELMEDEN ÖNCE "Before coming"

Infinitive form *without (k)*	**(-den)** *or* **(-dan)**	before **(önce)**
Gelme	**-den**	**önce**
Görme	**-den**	**önce**
Bakma	**-dan**	**önce**
Yemek yeme**den önce**	*before eating*	
Yazma**dan önce**	*before writing*	
Öğrenme**den önce**	*before learning*	
İçme**den önce**	*before drinking*	
Okuma**dan önce**	*before reading*	
Yatma**dan önce**	*before going to bed*	
Kalkma**dan önce**	*before getting up*	

Examples:

Yemek yeme**den önce** su içme.
Don't drink water before meals (eating).
Mektubu yazma**dan önce** iyi düşün.
Think well before writing the letter.
Türkçe öğrenme**den önce** Türk arkadaşım yoktu.
I had had no Turkish friends before I learned Turkish.
Sigara içme**den önce** birşeyler yiyiniz.
Eat something before smoking.
Kitabı okuma**dan önce** filmi görünüz.
See the film before reading the book.
Yatma**dan önce** dişlerinizi fırçalayınız.
Brush your teeth before going to bed.
Yataktan kalkma**dan önce** gazeteni oku.
Read your newspaper before getting up.

GELDİKTEN SONRA   *"After coming"*

BASE	-dik(-tik),-dık(-tık) -dük(-tük),-duk(-tuk)	(-ten) *or* (tan)	*after* (sonra)
Gel	-dik	-ten	sonra
Kal	-dık	-tan	sonra
Git	-tik	-ten	sonra
Bul	-duk	-tan	sonra

Geldikten sonra	*after coming*
Yazdıktan sonra	*after writing*
Öğrendikten sonra	*after learning*
İçtikten sonra	*after drinking*
Okuduktan sonra	*after reading*
Yattıktan sonra	*after going to bed*
Kalktıktan sonra	*after getting up*

The Accusative Case
This case shows the definite object of a verb. In other words, when the object of a verb is specific, the objective ending must be added.

Carefully observe the following examples:
a. A demonstrative adjective.
- Bu kitabı okumak kolay değil.
  It is not easy to read this book.
- Ahmet o okulu sevmiyor.
  Ahmet doesn't like that school.

b. An adjective:
- Ben kırmızı kitabı istiyorum.
  I want the red book.
- Kitabı henüz okumadım.
  I haven't read the book yet.

e. "The Other"
- Diğer (öbür) hemşireyi gördünüz mü?
  Did you see the other nurse?
- Diğeri (öbürü) nerede?
  Where is the other (one)?

f. As a place name, a personal name or title:

- İstanbul'u gördük.
  We saw Istanbul.
- Ahmet Bey'i tanıyor musunuz?
  Do you know Ahmet Bey?

g. When the direct object is a personal pronuon, the following forms are used

Subject Form		Direct Object	
Ben	I	Beni	me
Sen	You	Seni	you
O	He,she,it	Onu	him,her,it
Biz	We	Bizi	us
Siz	You	Sizi	you
Onlar	They	Onları	them

- Ben sizi gördüm.
  I saw you.

- Siz beni tanıyor musunuz?
  Do you know me?

- O onları çok seviyor.
  He likes them very much.

- Biz onları anlamıyoruz.
  We don't understand them.

- Onlar bizi selamladılar.
  They greeted us.

h. When the direct object is a demonstrative pronoun, the following forms are used:

- Bunu istiyor musunuz?
  Do you want this?

- Bunları istiyor musunuz?
  Do you want these?

- O şunu istemiyor.
  He doesn't want that.

- O şunları istemiyor
  He doesn't want those.

DRILL on the Accusative Case.

Translate the sentences below into Turkish:

1. Ali Bey wants a book.
   Ali Bey wants the book.

2. I know a lady.
   I know the lady.

3. I want to buy a house.
   I want to buy that house.

4. Do you like children?
   Do you like this child?

5. Ayşe Hanım wants a knife
   Ayşe Hanım wants the knife

6. They are looking for a teacher
   They are looking for the teacher

7. I know two men.
   I know those two men.

8. I like tea.
   I like the tea in that bottle.

9. Please give me a notebook.
   Please give me the blue notebook.

10. I want to buy another car.
    I want to buy the other car.

Complete each sentence by filling in the blank with the proper objective case of the pronoun in the parenthesis.

1. (Şu)......................alacak mısınız?
2. (Şunlar)......görüyorsunuz, değil mi?
3. O (biz)...... sevmiyor.
4. Ben (bunlar)..........alıyorum.
5. Bana lütfen (onlar)................veriniz.
6. Siz(ben)..............tanıyorsunuz.
7. Ahmet Bey (siz)...................görmek istiyor.
8. Onlar (biz).................ziyaret edecekler.

9. Ben (o)................hiç sevmiyorum.

10. O (bu)................yemek istemiyor.

11. Nurdan (o)..............içmek istiyor.

12. Biz (onlar)............... ziyaret etmek istiyoruz.

13. Ayşe(ben)..............çok seviyor.

14. Siz(biz)................tanıyor musunuz?

15. Biz (sen).............seviyoruz.

WORD ORDER

In a sentence, the subject, whether a noun or a pronoun comes at the beginning, and the verb comes at the end. In daily conversation, the personal pronoun in the nominative case is rarely used because the personal suffix is already added to the verb. However, when the personal pronoun is used in the nomintive case, it shows emphasis.

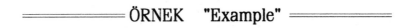

ÖRNEK "Example"

- Ben (subject) plajda yüzüyorum (verb).
- O adam (subject) kitap okuyor (verb).

Word Order Exceptions:

a. When writing poetry:

- Uçuyor (verb) güzel kuşlar (subject) havada.
- Yüzüyor (verb) denizde o güzel kız (subject).

b. When using the Imperative word for a simple request or a command, the verb can be brought to the beginning of a sentence for the sake of emphasis.

- Git ve kitabı bana getir.
- Oku ve bana anlat.

VURGU "Stress"

Stress generally falls on the last syllable of a word. However, with the names of places, and in adverbs, conjunctions and interjections, the stress is usually on the first syllable. In compound words, the stress falls on the last syllable of the first element.

ÖRNEK "Example"

Ka BAK	*squash*
Kol TUK	*armchair*
Ba KAN	*minister*
Hu KUK	*law*
Ya KA	*collar*
As KI	*hanger*
Be ce rik Lİ	*smart*
Bu LUT	*cloud*
Ço RAP	*socks*
Müt HİŞ	*terrible*
Top RAK	*earth, soil*
LÜT fen	*please*
İs ti FA	*resignation*
BU ra da	*here*
O ra da	*there*
NE ka dar	*how much? how many?*
O tarafa	*to that side*
Sa TIN al mak	*to buy*
de MİR ka pı	*iron gate*
Si YAH ka lem	*black pencil*
So ĞUK su	*cold water*

HIGH VOWEL HARMONY

Tekrar edin lütfen	*Please repeat.*
Doğru gidiniz.	*Go straight ahead.*
Sağa dönünüz.	*Turn to the right.*

The suffix **/-in/in/ tekrar ediniz** and the same suffix **/ün/in/sağa dönünüz/** exhibit different vowels. This difference is due to vowel harmony of a different type than that discussed before. Suffixes which belong to this kind of vowel harmony exhibit the **"same"** suffix with four different vowels. **The one exemplified above has these forms: -in,-ün,-ın,and-un.**

If the additional suffix /-iz/as in/doğru gidiniz/is added,the result is a pair of suffixes with the same vowels: /-iniz/,/-ünüz/, that in suffixes of this class, the difference between front /-i-ü/ and back /-ı,-u/ and between rounded /-i-ı/ is preserved, but in suffixes of this type there is no contrast between high and low vowels.

/i/	after	/i/	gidiniz.
/i/	after	/e/	ediniz.
/ü/	after	/ü/	gülünüz.
/ü/	after	/ö/	dönünüz.
/ı/	after	/ı/	nasılsınız.
/ı/	after	/a/	alınız.
/u/	after	/u/	buyrun
/u/	after	/o/	gidiyorum.

	Front	Back
High	İÜ	IU
Low	EÖ	AO

kola	*starch*
soba	*stove*
masa örtüsü	*tablecloth*
havlu	*towel*
maşa	*tongs*
çöp	*rubbish*
tepsi	*tray*
iç çamaşırı	*underwear*
cila	*polish*
yaş, ıslak	*wet*
ekmek	*bread*
tereyağ	*butter*
mum	*candle*
peynir	*cheese*
fincan	*cup*
içki	*drink*
un	*flour*
çatal	*fork*
sarmısak	*garlic*
buz	*ice*
reçel	*jam*
bıçak	*knife*
süt	*milk*
tencere	*pan*
turşu	*pickle*

Dün sabah saat sekizde kalktım. Kahvaltımı ettim. Kahvaltıda beyaz peynir, zeytin, tereyağ ve ekmek yedim. Bir bardak çay içtim.

Saat dokuzda işe gittim. İşe otobüsle gittim. Hava çok soğuktu. Sekiz saat çalıştım. Saat beşte eve döndüm.

Akşam saat 7:00'de eşim, kızım ve ben yemek yedik. Televizyon seyrettik. Televizyonda bir film vardı. O çok güzeldi. Saat onda yattık.

dün sabah	*yesterday morning*
sekiz	*eight*
sekizde	*at eight*
kalkmak	*to get up*
kahvaltı	*breakfast*
kahvaltı etmek	*to have breakfast*
kahvaltıda	*at breakfast*
beyaz peynir	*white cheese*
zeytin	*olive*
tereyağ	*butter*
ekmek	*bread*
yemek	*to eat (meal (n))*
bir bardak çay	*a glass of tea*
içmek	*to drink*
iş	*work*
işe	*to work (to: preposition)*
otobüsle(ile)	*by bus*
hava	*weather*
soğuk	*cold*
soğuktu	*was cold*
sekiz saat	*eight hours*
çalışmak	*to work, to study*
dönmek	*to return*
eşim	*my wife (my husband)*
kızım	*my daughter*
yemek yemek	*to eat*
seyretmek	*to watch*
televizyonda	*on T.V.*
vardı	*there was*
yatmak	*to go to bed*
ne zaman	*when*

1. Dün sabah kaçta kalktınız?
2. Kahvaltıda ne yediniz ve ne içtiniz?
3. Ne zaman işe gittiniz?
4. İşe nasıl gittiniz?
5. Hava nasıldı?
6. Kaç saat çalıştınız?
7. Kaçta eve döndünüz?
8. Akşam saat 7'de kimler yemek yedi?
9. Ne seyrettiniz?
10. Televizyonda ne vardı?
11. Film nasıldı?
12. Ne zaman yattınız?

Arkadaşım / "My Friend"

Dün arkadaşım Amerika'dan geldi. Havaalanında bir taksiye bindi. Hilton Oteli'ne gitti. Yol tam bir saat sürdü. Hilton Oteli çok uzaktı. Danışma memuruna otelin fiyatını sordu. Danışma memuru, "Gecesi beş milyon lira"dedi. Hilton Oteli doğrusu çok ucuz. Sonra otelde arkadaşını gördü. Birlikte yemek yediler ve bira içtiler. Akşam sinemaya gittiler. Film çok güzeldi. Sinema çok yakındı, bu yüzden dolmuşa binmediler ve yürüdüler.

Sabahleyin kahvaltı ettiler. Kahvaltıda tereyağ, reçel, bal ve yumurta yediler, çay içtiler. Garson kızarmış ekmek getirdi.

Öğleden sonra Moda Plajı'na gittiler. Hava çok sıcaktı. Tam otuz iki dereceydi. Çok yüzdüler. Plajdan sonra Amerikan Konsolosluğu'na gittiler. Yolda arabaya benzin aldılar ve 3.000.000 lira ödediler.

Yeni Kelimeler / Vocabulary

arkadaşım	*my friend*
binmek	*to get on*
inmek	*to get off*
yol	*way, road*
tam	*just*
doğrusu	*really, indeed*
birlikte	*together*
yemek	*meal*
yemek yemek	*to eat*
içmek	*to drink*
film	*film, picture*
sabahleyin	*in the morning*
kahvaltı etmek	*to have breakfast*
kahvaltıda	*at breakfast*
tereyağ	*butter*
reçel	*jam*
bal	*honey*
yumurta	*egg*
getirmek	*to bring*
kızarmış ekmek	*toast*
öğleden sonra	*in the afternoon*
plaj	*beach*
sıcak	*hot*
derece	*degree*
yüzmek	*to swim*
yolda	*on the way*

1. Amerika'dan kim geldi?
2. Hilton Oteli'ne nasıl gitti?
3. Yol ne kadar sürdü?
4. Resepsiyon memuruna ne sordu?
5. Otelde kimi gördü?
6. Onlar yemek yediler mi?
7. Yemekte ne içtiler?
8. Akşam nereye gittiler? Niçin?
9. Filmi beğendiler mi?
10. Sinemaya nasıl gittiler?
11. Garson ne getirdi?
12. Kahvaltıda ne yediler?
13. Öğleden sonra ne yaptılar?
14. Hava nasıldı?
15. Plajdan sonra nereye gittiler?
16. Yolda ne aldılar ve kaç lira ödediler?

Tiyatroda / "At the Theatre"

Ahmet Bey, dün öğleden sonra, tiyatro için dört bilet aldı. Tiyatroda güzel bir oyun vardı. Ahmet Bey'in eşi ve çocukları çok memunn oldular. Onlar bugün öğleden sonra saat dörtte, hep beraber tiyatroya oyunu izlemeye gidiyorlar. Onların küçük bir arabası var.

Onlar tiyatroya vardıkları zaman, tiyatro çok doluydu. Ahmet Bey bir program aldı. Yerlerine oturdular. Müzik hemen başladı. Onların koltukları sahneye çok yakındı. Perde açıldı ve oyun başladı.

Oyun fakir bir kız ve zengin bir çocuk hakkındaydı. Fakir kız, zengin olmak istiyordu. Zengin çocuk, mutlu olmak istiyordu. Birinci perdede karşılaştırlar. Birbirlerine şarkılar söylediler. İkinci perdede zengin çocuk bütün parasını kaybetti ve çalışmaya başladı. Son perdede evlendiler ve mutlu oldular.

Yeni Kelimeler / Vocabulary

tiyatro	*theatre*
hep beraber	*altogether*
program	*programme*
oturmak	*to sit*
fakir	*poor*
perde	*curtain*
birbirlerine	*to each other*
birbirleri için	*for each other*
birbirleri ile	*with each other*
son perde	*last act*
bilet	*ticket*
izlemek, seyretmek	*to watch*
hemen	*right away*
zengin	*rich*
hakkında, konusunda	*about*
şarkı	*song*
dolu	*full*
açılmak	*to be opened (passive)*
karşılamak	*to meet*
çalışmak	*to work*
oyun, temsil	*play*
varmak	*to arrive*

hepsi	*all of them*
başlamak	*to begin*
koltuk	*armchair*
mutlu olmak	*to be happy*
şarkı söylemek	*to sing*
kaybetmek	*to lose*
memnun olmak	*to be glad*
yer	*place,seat*
sahne	*stage*
çalışmak	*to study*

Sorular / Questions

1. Biletleri kim ve ne zaman aldı?
2. Tiyatroda ne vardı? Nasıldı?
3. Ahmet Bey'in eşi ve çocukları niçin memnun oldular?
4. Onlar tiyatroya nasıl gittiler?
5. Ahmet Bey ne satın aldı?
6. Onların yerleri neredeydi?
7. Oyun ne hakkındaydı?
8. Fakir kız ne olmak istiyordu?
9. Zengin çocuk ne olmak istiyordu?
10. Birinci perdede ne oldu?
11. İkinci perdede ne oldu?
12. Son perdede ne oldu?

Ayşe	:	Dün nereye gittiniz?
Nurdan	:	Fransız Konsolosluğu'na gittim.
Ayşe	:	Dolmuşla mı, taksiyle mi, yoksa otobüsle mi gittiniz?
Nurdan	:	Taksiyle gittim.
Ayşe	:	Kaç lira ödediniz?
Nurdan	:	Şoför iki yüz bin lira istedi ama yüz elli bin lira verdim.
Ayşe	:	Şoför kızdı mı?
Nurdan	:	Hayır kızmadı, teşekkür etti.

konsolosluk	*consulate*
Fransız Konsolosluğu	*French Consulate*
Fransız Konsolosluğuna	*to the French Consulate*
ödemek	*to pay*
istemek	*to want*
ama	*but*
verdim	*I gave*
kızmak	*to get angry*
teşekkür etmek	*to thank*
vermek	*to give*
kiminle	*with whom*

Sorular / Questions

1. Dün Nurdan nereye gitti?
2. Nurdan hangi konsolosluğa gitti?
3. Fransız Konsolosluğu'na nasıl gitti?
4. Dün Nurdan İngliz Konsolosluğuna mı gitti?
5. Kaç lira ödedi?
6. Şoför kaç lira istedi?
7. Şoför kızdı mı?
8. Siz dün nereye gittiniz?
9. Ayşe kiminle konuştu?
10. Dün öğretmen okula geldi mi?

Ayşe : Afedersiniz, dün sizi aradım, bulamadım. Evde değildiniz. Ne-
redeydiniz?

Ali : Dün evde değildim, çünkü geçen hafta seyahate çıktım.

Ayşe : Nereye gittiniz?

Ali : Bursa'ya gittim.

Ayşe : Kiminle gittiniz? Yalnız mı gittiniz?

Ali : Yalnız gitmedim. Kız arkadaşımla birlikte gittik.

Ayşe : Bir arkadaşım Bursa'da her yer dolu dedi. Siz nasıl yer bul-
dunuz?

Ali : Bir seyahat acentasında arkadaşım var. Ona telefon ettim. O
bana yardım etti.

Ayşe : Kaç gün kaldınız? Nerede kaldınız?

Ali : Çok memnun kaldık. Otobüs rahattı. Otel çok temizdi. Yemekler
lezzetliydi.

Ayşe : Bu seyahat size kaça maloldu?

Ali : Aşağı yukarı otuz milyon lira harcadık, ama çok memnunuz. Çok
eğlendik ve dinlendik.

aramak	*to look for*
bulmak	*to find*
geçen hafta	*last week*
seyahate çıkmak	*to take a trip*
yalnız	*alone*
kız arkadaş	*girl friend*
birlikte	*together*
her yer	*everywhere*
dolu	*full*
seyahat acentası	*tourism agency*
yardım etmek	*to help*
kalmak	*to stay*
memnun kalmak	*to be happy*
rahat	*comfortable*
lezzetli	*delicious*
mal olmak	*to cost*
harcamak	*to spend*
eğlenmek	*to enjoy*
dinlenmek	*to rest*

Sorular / Questions

1. Ayşe kimi aradı? Ne zaman aradı?
2. Ali evde miydi? Neredeydi?
3. Ali Bursa'ya kiminle gitti?
4. Ali otelde nasıl yer buldu?
5. Ali'in arkadaşı nerede çalışıyor?
6. Ali ve kız arkadaşı Bursa'da kaç gün kaldı?
7. Onlar nerede kaldılar?
8. Memnun kaldılar mı?
9. Otobüs, otel ve yemekler nasıldı?
10. Bu seyahat Ali'ye kaça maloldu?

Biliyorsunuz, 23 Nisan Bayramı'nda dört günlük bir tatil vardı. Ben, eşim ve çocuklarım Bursa'ya gitmeye karar verdik. Tatil 22 Nisan Perşembe günü öğleden sonra başlayıp Pazartesi sabahı bitecekti. Tatil tam dört gün değildi, üç buçuk gündü, ama Bursa yakındı ve gitmek kolaydı.

Ben arabamın bakımını yaptırdım ve araba vapurunun hareket saatini öğrendim. Eşim gerekli hazırlıkları yaptı ve Perşembe günü saat ikide yola çıktık. Araba vapuru iskelesine geldiğimiz zaman saat üçtü ve çok kalabalıktı. Tahminen üç yüz araba vardı ve beklememiz gerekiyordu. Araba vapurundan vazgeçtik ve arabamızla yola çıktık. İzmit, Karamürsel, Yalova yolu ile Bursa'ya vardık. Yol tam dört saat sürdü. Doğru Ordu Evi'ne gittik. Akşam olmuştu ve karnımız acıkmıştı. Biliyorsunuz, Bursa'nın İskender kebabı meşhurdur. Hepimiz kebabı çok severiz, onun için doğru kebapçıya gittik. Kebapçıdan çıktıktan sonra, Ordu Evi'ne gelirken, tiyatro ilanı gördük, beğendik ve tiyatroya gittik. Saat 11:30'da çıktık. Temsil çok güzeldi. Ordu Evine geldik ve yattık.

Ertesi sabah erken uyandık. Banyo yaptıktan sonra kahvaltımızı ettik ve doğru Uludağ'a çıktık. Hava güneşliydi, ama biraz soğuktu. Karların arasında öğle yemeğini yedik ve Bursa'ya döndük.

Aynı gün, öğleden sonra Bursa'daki bütün müzeleri gezdik. Biliyorsunuz Bursa, Osmanlı İmparatorluğunun önemli şehirlerinden biridir. Bu yüzden tarihi yerler ve türbeler çoktu. Hepsini birer birer gezdik. Camileri de gördük ve ziyaret ettik.

Cumartesi günü sabah saat 10:00'da arabamıza bindik ve İznik Gölü'ne gittik. Gölün kenarında yeni, çok güzel bir lokanta açmışlar. Orada öğle yemeğini yedik ve İznik kasabasını ziyaret ettik. İznik'te Roma Tiyatrosu'nu ve Müzesi'ni gezdikten sonra Adapazarı'na doğru yola çıktık. Yolda bir benzin istasyonuna uğradık, benzin aldık ve kahve içtik. Biraz sonra arabamız arıza yaptı. Tekrar aynı benzin istasyonuna döndük ve arabayı tamir ettikten sonra akşam üzeri Adapazarı'na vardık. Orarda benim ailem var. Onları ziyaret ettik. O gece Adapazarı'nda kaldık ve ertesi gün, yani Pazar günü İstanbul'a hareket ettik. Ben biraz üşüttüm ve nezle oldum. Evde bir gün istirahat ettikten sonra göreve başladım.

Sorular / Questions

1. Ne zaman tatil vardı? Kaç günlük tatil vardı?
2. Biz nereye gitmeye karar verdik?
3. Tatil ne zaman başladı ve ne zaman bitti?
4. Yola çıkmadan önce eşim ve ben ne yaptık?
5. Niçin araba vapurundan vazgeçtik?
6. İskelede tahminen ne kadar araba vardı?
7. Bursa'ya hangi yol ile gittik?
8. Yol ne kadar sürdü?
9. Bursa'ya varır varmaz nereye gittik?
10. Bursa'nın neyi meşhurdur?
11. Kebapçıdan çıktıktan sonra ne yaptık?
12. Temsil nasıldı ve biz orada ne yaptık?
13. Ertesi sabah önce ne yaptık ve sonra nereye çıktık?
14. Uludağ nasıldı ve biz orada ne yaptık?
15. Aynı gün öğleden sonra ne yaptık?
16. Bursa önemli bir şehir midir? Niçin?
17. Cumartesi sabahı ne yaptık?
18. Cumartesi günü öğle yemeğini nerede yedik?
19. İznik kasabasında ne yaptık?
20. İznik'ten sonra nereye doğru yola çıktık?
21. Yolda ne oldu?
22. O gece nerede kaldık?
23. Ertesi gün, yani pazar günü ne yaptık?
24. Bana ne oldu?

Ahmet'in Ailesi

Ahmet Yıldırım, 1906 yılında İstanbul'da doğdu. Ailesiyle birlikte 1912 yılına kadar orada yaşadı, sonra ailesi Ankara'ya taşındı. O ve iki erkek kardeşi ilkokulu Ankara'da bitirdi. Ahmet 1920'de mezun oldu. Ertesi yıl babası İzmir'de yeni bir iş buldu ve aile oraya taşındı. Bu yüzden O, liseye orada devam etti. Liseyi bitirdi ve diplomasını aldı. Fakat üniversiteye gidemedi, çünkü parası yoktu. Önce bir ayakkabı şirketinde çalıştı, bir süre sonra, yani 1925'te, İnci isimli bir kızla evlendi. 1926'da bir metal fabrikasının satıcısı oldu, ama bu işi sevmedi ve altı ay sonra terketti. 1928 yılında Adana'da kendi işine başladı ama maalesef altı ay sonra işi bozuldu ve on iki bin lira kaybetti.

Bu süre içerisinde onların dört çocukları oldu. İşini tekrar değiştirdi, ama bu sefer başarılıydı. Çok para kazandı. 1942 ile 1944 yılları arasında eşiyle birlikte bir çok Avrupa ve Amerika ülkelerine seyahatler yaptılar.

Çocukları çeşitli okullara gidiyorlar ve hepsi çok iyi okudular. Bir tanesi iki yıl önce evlendi. Şimdi hem üniversiteye devam ediyor, hem de çocuklarına bakıyor. İki çocuğu var. Eşi de aynı üniversitenin son sınıfında. Her sabah beraber okula gidiyorlar ve her akşam beraber dönüyorlar. Ahmet Bey'in eşi çocuklara bakıyor.

Yeni Kelimeler / Vocabulary

doğmak	*to be born*
birlikte	*together*
taşınmak	*to move to*
devam etmek	*to go on, to attend*
şirket	*company*
fabrika	*factory*
evlenmek	*to get married*
satıcı	*salesman*
maalesef	*unfurtonately*
kaybetmek	*to lose*
başarı	*success*
başarılı	*succesful*
kazanmak	*to earn*
ülke	*country*
seyahat yapmak	*to take a trip*
çeşitli	*various*
bakmak	*to look after*

Sorular / Questions

1. Ahmet Yıldırım ne zaman ve nerede doğdu?
2. İstanbul'da kaç yıl yaşadı?
3. İstanbul'dan sonra ailesi nereye taşındı?
4. Onun kardeşleri var mıydı?
5. İlkokulu nerede bitirdiler?
6. Ahmet ilkokuldan ne zaman mezun oldu?
7. Ertesi yıl onlar nereye taşındılar, niçin?
8. Ahmet liseyi nerede okudu?
9. Üniversiteye gidebildi mi, Niçin?
10. Ahmet liseyi bitirdikten sonra nerede çalıştı?
11. İnci ile ne zaman evlendi?
12. Evlendikten sonra nerede çalıştı?
13. Ne zaman ve nerede kendi işine başladı.
14. Bu işte kaç lira kaybetti?
15. Ahmet ve İnci'nin çocukları var mı?
16. Yeni işi nasıldı?
17. 1942 ile 1944 yılları arasında onlar ne yaptılar?
18. Onların çocukları evlendi mi?

Biliyorsunuz, Osman, eşi ve çocuklarıyla bir Amerika seyahati yapmak istedi ve dört kişi için telefonla rezervasyon yaptırdı. Ertesi gün acentaya giderek biletleri aldı, sonra saat 10'da bagajlarını teslim etmek ve gümrük muayenesini yaptırmak için acentaya tekrar geldi. Vapur saat 11'de hareket etti.

Bitişik kamarada Amerika'ya giden Amerikalı bir aile vardı. Osman'ın çocuklarıyla Amerikalı ailenin çocukları İngilizce, Amerikalı ailenin çocuklarıyla Osman'ın çocukları seyahat boyunca Türkçe pratik yaptılar. Osman ve eşi Amerikalı karı-koca ile çok iyi arkadaşlık yaptılar, beraber yemek yediler, kağıt oynadılar ve güvertede oturdular. Netice olarak çok iyi vakit geçirdiler.

Tam bir hafta sonra, vapur New York'a vardı. Osman arkadaşına telgraf çekti, sonra Amerikalı aileye allahaısmarladık deyip, bir taksiye binip, doğru New Yorker Oteli'ne gittiler.

Yolda şoförle uzun uzun konuştular. Biliyorsunuz, Osman New York'ta birkaç gün kaldıktan sonra Chicago'ya, oradan Washington'a gidecek ve Washington'da muhtemelen iki yıl kalacak ve bu süre içinde ihtisas yapacak. Aşağı yukarı yarım saat sonra otele vardılar. Rezervasyon yaptırmışlardı. Asansöre binip 19.'uncu kata çıktılar ve odalarına girdiler. Çok yorulmuşlardı. Dinlenmeye ihtiyaçları vardı, hemen uyudular.

Resepsiyon memuru sabahleyin saat 08:00'de Osman'ı telefonla uyandırdı. Osman'ın saat 09:00'da Türk Konsolosluğu'na gitmesi lazımdı. Hemen traş olup giyindi ve bir taksi ile doğru Konsolosluğa gitti. Orada bir saat kaldıktan sonra otele döndü ve hep beraber otelin lokantasında öğle yemeği yediler.

Osman'ın öğleden sonra saat 15:00'te Birleşmiş Milletler Binası'na gitmesi lazımdı. Otelden çıktı ve yolda yürümeye başladı. Tam köşede bir polis gördü ve onunla konuştuktan sonra bir taksiye binip doğru Birleşmiş Milletler'e gitti. Orada Türkiye Temsilcisi'yle bir süre konuştu ve sonra otele döndü, çok yorulmuştu. Bir banyo alıp bir süre dinlendi.

Yeni Kelimeler / Vocabulary

seyahat boyunca	*during the trip*
arkadaşlık yapmak	*to make friends*
kağıt oynamak	*to play cards*
iyi vakit geçirmek	*to have a good time*
netice olarak	*as a result*
muhtemelen	*probably*
bu süre içinde	*during this period*
asansör	*lift, elevator*
traş olmak	*to shave*

1. Osman, eşi ve çocuklarıyla beraber ne yapmak istedi? Rezervasyonu nasıl yaptırdı, acentaya kaçta gitti ve vapur ne zaman hareket etti?
2. Bitişik kamarada kimler vardı?
3. Çocuklar ve büyükler seyahat boyunca ne yaptılar?
4. Vapur, New York'a ne zaman vardı? Osman ne yaptı?
5. Osman, eşi ve çocukları doğru nereye gittiler?
6. Osman New York'ta kaç gün kalacak ve sonra ne yapacak?
7. Washington'da kaç yıl kalacak ve bu süre içinde ne yapacak?
8. Otele ne zaman vardılar ve odaları kaçıncı kattaydı?
9. Osman'ı sabahleyin kim ve saat kaçta kaldırdı? Niçin?
10. Kalktıktan sonra ne yaptı?
11. Öğle yemeğini nerede yediler?
12. Osman'ın öğleden sonra, nerede randevusu vardı?
13. Osman Birleşmiş Milletler'e nasıl gitti?
14. Birleşmiş Milletler'de ne yaptı?

WASHINGTON'da

Cumartesi ve Pazar günü Washington'u gezdiler, bütün müzeleri gördüler ve çok memnun oldular. Akşam üzeri otele dönmek için bir otobüse bindiler ve otobüsle giderken Pınar, Washington Abidesi'ni gördü. Osman'a "Bu abi-deyi çok merak ediyorum, inelim ve onu gördükten sonra başka bir otobüs ve taksiyle otelimize gideriz," dedi. Osman, "Ama çok acıktık ve çok yorulduk. Başka bir gün gelip görürüz," dedi.

Otele vardıkları zaman saat altı olmuştu. Doğru otelin lokantasına gittiler. Menüye baktılar, ama anlamadılar. Amerikan yemeklerini bilmiyorlardı. Osman, "Mademki iki yıl burada kalacağız, Amerikan yemeklerine alışmamız lazım, yoksa aç kalırız," dedi. Sahanda yumurta ve elmalı börek yedikten ve meyve suyu içtikten sonra odalarına çıktılar.

Osman ve Pınar, çocuklara "Siz uyuyun, bir biraz dolaşıp geleceğiz" dediler ve otelden çıktılar. Aşağı yukarı gece yarısına kadar gezdikten sonra otele dönerken, vapurdaki Amerikalı aileye rastladılar, çok memnun oldular.

Amerikalı aile de aynı otelde kalıyordu ve çocukları uyutup gezmeye çıkmışlardı. "Mademki çocuklar otelde uyuyorlar, gidelim bir gece kulübünde biraz eğlenelim," dediler ve bir taksiye bindiler. Şoför herhalde sarhoştu ve çok süretli gidiyordu. Tam bir dört yol ağzına geldikleri sırada, sağ taraftan gelen bir otobüse çarptılar. Hemen bir ambulans geldi ve onları en yakın bir hastaneye götürdü. Hastanede uzun süre kalmadılar. Şoför ağır yaralanmıştı. Çok üzüldüler ve otele döndüler.

Yeni Kelimeler / Vocabulary

Abide	*monument*
"çok acıktık"	*"we are so hungry"*
başka bir gün	*some other day*
mademki	*since*
alışmak	*get used to*
yoksa	*or, otherwise*
aşağı yukarı	*more or less*
gece yarısı	*mid-night*
rastlamak	*run into*
gece kulübü	*night-club*
sarhoş	*drunk*
dört yol ağzı	*Cross-roads*
çarpmak	*to hit*
en yakın	*nearest*

1. Müzeleri ne zaman gezdiler?
2. Pınar, Washigton Abidesi'ni ne zaman gördü?
3. Washington Abidesi'ni ne zaman görecekler?
4. Otele ne zaman vardılar ve ne yaptılar?
5. Lokantada ne yediler?
6. Vapurda Amerikalı aileye ne zaman rastladılar?
7. Gece Kulübü'ne nasıl gittiler?
8. Hastaneye niçin gittiler?

Okuma / Reading

Başağrısı

Bir hasta, taksiyle Amerikan Hastanesi'ne geldi. Tam hastanenin önünde taksiden indi ve danışma memurunun yanına geldi. Danışma memuru ile konuştuktan ve kimlik kartını gösterdikten sonra, memur onu Doktor Schuman'a gönderdi. Doktor Schuman çok meşguldü. Hasta, doktoru görmeden önce, iki aspirin aldı, çünkü başı çok ağrıyordu.

Doktor : Buyrun. Geçmiş olsun.
Hasta : Teşekkür ederim, doktor bey. Çok hastayım. Buraya güçlükle geldim.
Doktor : Neyiniz var?
Hasta : Üç günden beri başım ağrıyor. Hiç iştahım yok. Çok halsizim.
Doktor : Hiç ilaç aldınız mı?
Hasta : Sürekli aspirin alıyorum.
Doktor : Başka bir doktora gittiniz mi?
Hasta : Hayır. İlk kez buraya geldim.
Doktor : Başınızın röntgenini çekmek istiyorum. Bu arada size bir şişe şurup ve bir kutu hap veriyorum. Sabah kahvaltıdan önce bir çorba kaşığı şurup için ve bir hap alın. Gece yatmadan önce de aynı.

Hasta	patient
Kimlik kartı	Identification card
Göstermek	to show
Geçmiş olsun	Get well soon
Güç	diffucult
Güçlük	diffuculty
Neyiniz var?	"What is the matter with you?"
İştah	appetite
Halsiz olmak	having no energy
-dan(-den)beri	since...
Halsiz	exhausted,weak
İlaç	medicine
devamlı (olarak)	continuously
Röntgen	X-ray
Eczane	pharmacy
Kullanmak	to use
Şişe	bottle
Şurup	syrup
Kutu	box
Hap	pill
Çorba	soup
Kaşık	spoon
Çorba kaşığı	table-spoon
Tansiyon	blood pressure

Sorular / Questions

1. Bir hasta nereye geldi?
2. Taksiden nereye indi?
3. Kiminle konuştu?
4. Danışma memuru onu kime gönderdi?
5. Hasta doktoru görmeden önce ne aldı? Niçin?
6. Hastanın neyi var?
7. Hasta hiç ilaç aldı mı?
8. Hasta başka bir doktora gitti mi?
9. Doktor hastaya hangi ilaçları verdi?
10. Hasta ilaçları ne zaman alacak?

PAZAR GÜNÜ *"Sunday"*

Dün pazardı. Hava güneşliydi ve herkes evdeydi. Ayla'nın babası işte değildi. Ağabeyi de okulda değildi. Fakat annesi hastaydı ve ve yataktaydı. Onun için dün yemekleri Ayla yaptı. Ayla, önce annesine bir çorba pişirdi. Fakat çorba sıcaktı ve az tuzluydu. Annesi onu daha sonra içti. Babası hasta değildi, iyiydi. O çorba içmedi. Yalnız pilav yedi. Yemek saat on ikide hazırdı. Herkes saat on ikide sofradaydı. Sofrada herşey iyiydi ve ekmek tazeydi. Ayla'nın küçük kardeşi bütün gün sokaktaydı. Top oynadı. Fakat ağabeyi evde, odasındaydı. Sınavı vardı. Ders çalıştı. Ayla, akşam çok yorgundu. Erken yattı ve hemen uyudu.

1. Dün neydi?
2. Ayla'nın babası niçin evdeydi?
3. Ayla'nın annesi nasıldı?
4. Ayla ne yemek pişirdi?
5. Yemekler nasıldı?
6. Ekmek bayat mıydı?
7. Yemek saat kaçta hazırdı?
8. Ayla'nın ağabeyi bütün gün ne yaptı?
9. Ayla'nın küçük kardeşi bütün gün ne yaptı?
10. Ayla akşam ne yaptı?

The Simple Past Tense

OLUMLU ŞEKİL   *"Affirmative Form"*

BASE **dim**	Gel**dim**	*I came*
BASE **din**	Gel**din**	*You came*
BASE **di**	Gel**di**	*He, she, it came*
BASE **dik**	Gel**dik**	*We came*
BASE **diniz**	Gel**diniz**	*You came*
BASE **diler**	Gel**diler**	*They came*

If the last letter of the base is a voiceless consonant, the first letter of the suffix is 't'.

Gittim	*I went*
Baktım	*I looked*
Astım	*I hung*
Açtım	*I opened*

If the last letter of the base is a voiced consonant, the first letter of the suffix is 'd'.

Geldim	*I went*
Gördüm	*I saw*
Tanıdım	*I knew*

OLUMSUZ ŞEKİL   *" Negative Form"*

BASE	**ma(me)**	**dim**	Gelme**dim**	*I didn't come*
BASE	**ma(me)**	**din**	Gelme**din**	*You didn't come*
BASE	**ma(me)**	**di**	Gelme**di**	*He, she, it didn't come*
BASE	**ma(me)**	**dik**	Gelme**dik**	*We didn't come*
BASE	**ma(me)**	**diniz**	Gelme**diniz**	*You didn't come*
BASE	**(ma(me)**	**diler**	Gelme**diler**	*They didn't come*

"-me' or "-ma" come between base and suffix, to make the verb negative.

SORU ŞEKLİ   *"Interrogative Form"*

BASE	**dim**	**mi?**	Gel**dim** mi?	*Did I come?*
BASE	**din**	**mi?**	Gel**din** mi?	*Did you come?*
BASE	**di**	**mi?**	Gel**di** mi?	*Did he, she, it come?*
BASE	**dik**	**mi?**	Gel**dik** mi?	*Did we come?*
BASE	**diniz**	**mi?**	Gel**diniz** mi?	*Did you come?*
BASE	**diler**	**mi?**	Gel**diler** mi?	*Did they come?*

OLUMSUZ SORU ŞEKLİ   *"Negative Interrogative Form"*

BASE	me	dim	mi?	Gelmedim mi?	*Didn't I come?*
BASE	me	din	mi?	Gelmedin mi?	*Didn't you come?*
BASE	me	di	mi?	Gelmedi mi?	*Didn't he, she, it come?*
BASE	me	dik	mi?	Gelmedik mi?	*Didn't we come?*
BASE	me	diniz	mi?	Gelmediniz mi?	*Didn't you come?*
BASE	me	diler	mi?	Gelmediler mi?	*Didn't they come?*

Note: *The vowel "i" in the suffixes is changed into* ı,ü,u *when necessary in accordance with the Vowel Harmony Rule.*

Pronunciation of /H/

The consonant /h/ offers no pronunciation difficulties when used at the beginning of a syllable as in /hangi/, /hemen/, etc.

When /h/ appears at the end of a syllable, either as the final letter in the word as in /Allah/, or before another consonant, as in /zahmet/, it presents a problem to the english speaker.

Some Proper Nouns with /-h-/ are:
/Ahmet/
/İhsan/
/Mehmet/

Double /h/ may also present difficulties. Keep expelling air for a fraction of a second longer than for a single /h/. Compare /tuhaf/ **"strange"** and /sıhhat/ **"health"**. The two /h/ sounds always belong to different syllables.

DRILL on /H/:

/-h-/		/-h/	
anahtar	*key*	ruh	*spirit*
bahşiş	*tip*	sabah	*morning*
ihtiyaç	*need*	siyah	*black*
ihraç	*export*	talih	*luck, destiny*
kahvaltı	*breakfast*	/-h-/	
kahve	*coffee*	cumhuriyet	*Republic*
/-hh/		meşhur	*famous*
sıhhat	*health*	müthiş	*terrible, fantastic*
taahhüt	*undertaking*	derhal	*immediately*

The HİÇ *Form*

Hiç *"At all"*

Hiç yorgun	değilim.	*I am not tired at all.*
Hiç rahat	değilsin.	
Hiç iyi	değil.	
Hiç memnum	değiliz.	
Hiç mutlu	değilsiniz.	
Hiç kurnaz	değiller.	

Hiç ihtiyacınız	yok.	*You don't need anything at all.*
Hiç param	yok.	
Hiç rahatım	yok.	
Hiç arkadaşı	yok.	
Hiç kitabım	yok.	
Hiç kaleminiz	yok.	

Hiç *"Never"*

Oraya	**hiç** gitmedim.	*I never went there.*
Taksiyle	**hiç** gitmedim.	
Dolmuşla	**hiç** gitmedim.	
Ahmet'le	**hiç** gitmedim.	

Hiç *"Ever"*

Oraya	**hiç** gittiniz mi?	*Did you ever go there?*
Taksiyle	**hiç** gittiniz mi?	
Uçakla	**hiç** gittiniz mi?	
Dolmuşla	**hiç** gittiniz mi?	
Ahmet'le	**hiç** gittiniz mi?	
Otobüsle	**hiç** gittiniz mi?	

The Enclitic Particle (Y)LA, (Y)LE

The unstressable suffix **"(y)la"** *indicates* **"with"** *either of accompaniment or of instrument and* **"by means of"** *to express means. It also denotes* **"and"** *in some contexts. It has one of the widest ranges of syntactic usage among Turkish suffixes.*

Ahmet'**le** konuşmak istiyorum.	*I want to talk to Ahmet.*
Şoför**le** geldik.	*We came with the driver.*
Ali'**yle** karşılaştım.	*I met Ali.*
Sefir**le** görüştü.	*He (she) talked with the ambassador.*
Manav**la** gidecek.	*He (she) will go with the greengrocer*
Amerikalı**yla** gönderdim.	*I sent (it) wtih the American.*

NOTE: *-le and -la is used after consonants, -yle and -yla after vowels.*

(Y)LA, (Y)LE "By means of"

Taksi**yle**	geldik.	*We came by taxi.*
Dolmuş**la**	gidecekler.	*They will go by dolmuş.*
Ne**yle**	geliyor?	*By what are they coming?*
Ne**yle**	gönderdim?	*By what means did I send (it)?*
Ne**yle**	döneceğiz?	*By what means will we return?*

(Y)LA, Y(LE) "By (means of)...ing" (Relational Suffix)

Okumak**la** öğrenirim.	*I learn by reading.*
Çalışmak**la** öğrendim.	*I learned by studying (working)*
Okula gitmek**le** öğrenceksin.	*You will learn by going to school.*
Tercüme etmek**le** öğreniyoruz.	*We are learning by translating.*

(Y)LA, (Y)LE, "With"

Kimin**le**	geldi?	*With whom did he come?*
Benim**le**	geliyor?	*He (she) is coming with me.*
Senin**le**	gelecek	*He (she) will come with you.*
Bizim**le**	gelecek	*He (she) will come with us.*
Onun**la**	gelecekti	*He (she) was going to come with (him/her).*

A New Pattern: Infinitive Form + **İSTİYORUM**

Gitmek	**istiyorum.**	*I want to go.*
Görmek	**istiyorum.**	*I want to see.*
Uyumak	**istiyorum.**	*I want to sleep.*
Okumak	**istiyorum.**	*I want to read.*

UYGULAMALAR / EXERCISES

1. Fill in the blanks with the proper forms of the verbs below:

-içmek	-kahvaltı etmek	-gitmek
-yemek	-kalkmak	-çalışmak
-dönmek	-seyretmek	-yatmak

a. Dün sabah okula saat 08.00' de-------------
b. Bu sabah kahvaltıda beyaz peynir ve tereyağ-----------------
c. Kahvaltıda süt----------------
d. İşten eve saat üçte----------------
e. Dün ofiste altı saat---------------
f. Dün akşam televizyonda çok güzel bir film----------ve saat onda...........
g. Bu sabah saat yedide---------------ve-------------ettim.
h. Dün işe otobüsle-------------
i. Dün akşam eşim ve ben saat yedi buçukta yemek-----------------
j. Akşam TV.'de güzel bir film------------

Put the above sentences into negative and interrogative forms.

2. Fill in the blanks with the proper forms of the verbs in the following paragraph:

Dün eşim Amerika'dan-------------Havaalanında bir otobüse-------------ve Kent
Oteli'ne--------Yol, aşağı yukarı iki saat-----------------
Kent Oteli çok-------------------Resepsiyona Otelin fiyatını----------------
Resepsiyon memuru "gecesi 5 milyon lira"----------------Eşim otelde bir ar-
kadaşını --------------Birlikte yemek-------------ve şarap --------------Sinemada
güzel bir film vardı. Sinemaya--------------ve çok memnun--------Sinemaya dol-
muşla---------------ve yürüyerek ----------------
Sabah kahvaltıda tereyağ reçel ve bal---------ve süt-----------------------Öğleden
sonra birlikte yüzmek için denize-----------------------Hava çok
--------------------Denizden sonra Amerikan Konsolosluğu'na----------------.

3. Fill in the blanks with the proper forms of the verbs according to the personal pronouns of the sentences:

Example:

- Biz sinemaya------------(gitmek)
- Biz sinemaya gittik.

- Onlar süt---------(içmek)
- Onlar süt içtiler.

a. Ahmet gazete----------(okumak)
b. Onlar eve saat sekizde-----------(dönmek)
c. Biz dün uçakla--------------(gelmek)
d. Siz dün akşam T.V.------------(seyretmek)
e. Sen dün sabah işe otobüsle-----------(gitmek)
f. Annem tiyatro için dört bilet-------------(almak)
g. Ben bu sabah yolda bir arkadaşımı-----------(görmek)
h. Öğrenciler çok-----------(çalışmak)
ı. Kızım eve akşam saat beşte-------------(dönmek)
j. Sekreterim bu sabah üç mektup------------(yazmak)

4. Fill in the blanks with the proper forms of the personal pronouns:

Example:

- -------------otobüse bindim.   (BEN otobüse bindim)
- -------------süt içtik.   (BİZ süt içtik)

a. --------şimdi geldim.
b. --------işe nasıl gittiniz?
c. --------İngilizce'yi nasıl öğrendiniz?
d. --------kahvaltı etmediler.
e. --------okuldan biraz önce döndü.
f. --------öğle yemeği yedik mi?
g. --------otobüsle gittim.
h. --------dün nereye gittiniz?
i. --------sinemaya gitmediler.
j. --------kitabı okumadınız.

5. Fill in the blanks with the proper forms of the verbs:

1. Biz dün Ankara'ya trenle-----------(gelmek)
2. Geçen akşam televizyonda maç vardı, onu----------------------(seyretmek) ve çok...........(beğenmek).
3. Onlar ne zaman---------(gelmek) bilmiyorum ama bu sabah onları hastanede---------(görmek).
4. Çocuklar---------(büyümek) ve okula----------(başlamak)
5. · Dün akşam bizim evimizde misafir-------------(var) ve saat 12'ye kadar ------------- (oturmak).
6. Ben bu sabah çok erken---------(kalkmak), kahvaltımı-----------(etmek) ve sonra işime---------(gitmek).
7. Arkadaşım üç gün önce hastaneye----------(yatmak) ve dün akşam üzeri----------(ameliyat olmak).
8. Hemşire direktörü bütün hemşireleri-----------(toplamak) ve onlarla---------(konuşmak).
9. Geçen yıl O, liseden mezun----------------------(olmak) ve bir fabrikada çalışmaya------------------(başlamak).
10. Osman, Pınar ve çocuklar hep beraber lokantaya-------------(gitmek) yemek---------(yemek) ve sonra eve-------------(dönmek).

Change the sentences above into the question and negative forms.
Examples:

1. Biz dün Ankara'ya trenle mi geldik?
2. Biz dün Ankara'ya trenle gelmedik.

6. Fill in the blanks with the proper forms of the verbs in the following paragraph:

Çocuklar dün akşam film---------------(seyretmek) ve geç--------------(uyumak). Bu nedenle bu sabah okula--------------(geç kalmak) ve öğretmen çok----------(kızmak). Öğlene kadar okulda----------(kalmak) ve sonra eve--------(dönmek). Öğleden sonra okula------(gitmek-*Neg.*) çünkü öğretmenler toplantısı---------(var). *Aşağı yukarı üç saat ders*--------------(çalışmak). *Sonra evin bahçesinde arkadaşlarıyla beraber*--------------(oynamak). *Akşam üzeri saat yedi buçukta*---------(yemek yemek) *ve biraz daha çalıştıktan sonra*----------(uyumak).

Çocuklar uyuduktan sonra sonra kapı zili----------(çalmak). Misafirler-
---------------(gelmek). Çocuklar kapı zilini------------(duymak) ve -------------------
(uyanmak). Misafirlerle konuşmak--------------(istemek) ama anneleri çok-------
-(kızmak). Onun için tekrar-------------------(uyumak).

7. Fill in the blanks with the proper forms of the personel pronouns:

1. ------------------gittiᴎiz mi?
2. ------------------televizyon dinledim.
3. ------------------dün İngilizce konuştular.
4. ------------------İngilizce mektup yazdı.
5. ------------------kitap okumadık.
6. ------------------otelde mi kaldılar?
7. -----------------uyumadım.
8. ------------------kırmızı şarap içtiniz mi?
9. ------------------ne zaman geldi?
10. ------------------nerede kaldılar?

8. Fill in the blanks with the proper forms of the verbs:

1. Siz dün akşam sinemaya-------------------------(gitmek)?
2. Bu sabah kahvaltıdan sonra ne----------------------(yapmak)?
3. Geçen gün arkadaşınıza mektup---------------------(yazmak)?
4. Siz geçen yıl Amerika'ya neyle--------------------(dönmek)?
5. Dün akşam yemekten sonra gazete---------------------(okumak)?
6. Anneannem dün ameliyat--------(olmak)?
7. Onlar bu akşam bize---------(gelmek)?
8. O ne zaman ders----------(çalışmak)?
9. Siz bugün Ahmet Bey'i ------------------ (görmek)?
10. Dün akşam onlar sinemaya---------------(gitmek)?

posta	*post*
postacı	*postman*
toplantı	*meeting*
müzisyen	*musician*
tuhafiyeci	*draper*
ressam	*painter (artist)*
parti	*party*
pilot	*pilot*
pembe	*pink*
politikacı	*politician*
postane	*post office*
meslek	*profession*
profesör	*professor*
kırmızı	*red*
şube, kısım, bölüm	*section*
acaip, garip	*strange*
beyaz	*white*
çocuk	*child*
çocuklar	*children*
zaten	*anyway*
çamaşır	*laundry*
daha önce	*before*
süpürge	*broom*
herşey	*everything*
herkes	*everyone*

AVRUPA'YA BİR GEZİ

Cahit : *Buyrun efendim. İyi akşamlar, hoş geldiniz.*
Emin : *Hoş bulduk. Nasılsınız?*
Cahit : *Teşekkür ederim. Şöyle buyrun.*
Emin : *Ankara'dan ne zaman döndünüz?*
Cahit : *Önceki gün döndük. Öbür gün de Avrupa'ya gideceğiz.*
         Eşimin orada işi var. Kısa bir süre kalacağız.
Emin : *Uçakla mı gideceksiniz? Kaç gün kalacaksınız?*
Cahit : *Herhalde bir hafta kalacağız.*

Yeni kelimeler /Vocabulary

Avrupa	*Europe*
önceki gün	*the day before yesterday*
öbür gün	*the day after tomorrow*
iş	*work, job*
kısa bir süre	*a short time*
iyi yolculuklar	*have a good trip*

Yarın Ne Yapacaksınız?

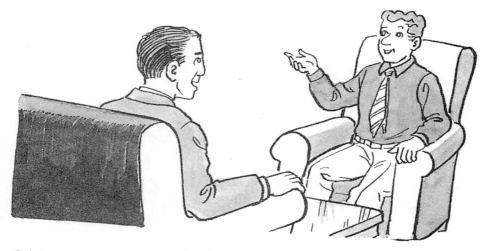

Cahit : *Yarın nereye gideceksiniz?*
Emin : *Önce plaja gideceğim?*
Cahit : *Sonra ne yapacaksınız?*
Emin : *Sonra Kent Sineması'na gideceğim.*
Cahit : *Ne oynuyor?*
Emin : *Çok güzel bir film, ama ismini bilmiyorum.*
Cahit : *Sinemadan sonra ne yapacaksınız?*
Emin : *Lokantaya gideceğim. Arkadaşım da gelecek.*
Cahit : *Hangi lokantaya gideceksiniz?*
Emin : *Karaca Lokantası'na.*
Cahit : *Ne yiyeceksiniz?*
Emin : *Kızarmış patates, şiş köfte, salata ve tatlı.*
Cahit : *Türk yemeklerini seviyor musunuz?*
Emin : *Çok seviyorum.*

Üsküdar Amerikan Kız Lisesi Bağlarbaşı'nda. Amerikan Bord Heyeti, bu yıl yaz aylarında Amerikan Kız Lisesi'nde Türkçe Kursları düzenleyecek. Önümüzdeki yıl Türkiye'deki Amerikan okullarında görev alacak öğretmenler bu kursta Türkçe öğrenecekler. Bundan başka, biraz Türkçe bilen öğretmenler de orta derece kurslarına devam edecekler. Buna göre iki kurs açılacak, birisi yeni başlamayanlar için, diğeri biraz bilenler için. Bu öğretmenler bir süre Türkiye'de yaşayacaklar. Onun için Türkçe öğrenmeleri gerekiyor. Televizyon seyredecekler, Türk arkadaşlarıyla konuşacaklar, alışveriş yapacaklar ve yaz aylarında seyahat edecekler. Bu nedenle Türkçe onlar için çok gerekli olacak.

Öğretmenler her gün öğlene kadar Türkçe dersi yapacaklar ve öğleden sonraları turistik yerleri gezecekler ve İstanbul'u tanıyacaklar. Bu öğretmenlere iyi şanslar diliyoruz.

lise	*high school*
yaz aylarında	*during the summer months*
düzenlemek	*to organise*
önümüzdeki yıl	*next year*
görev	*duty,job*
bundan başka	*besides*
biraz	*a little*
orta derecede	*intermediate*
devam etmek	*to attend*
buna göre	*so*
bir süre	*for a (period of) time*
yaşamak	*to live*
onun için	*therefore*
seyretmek	*to watch*
seyahat etmek	*to take a trip*
bu nedenle	*therefore*
gerekli	*necessary*
olacak	*will be*
öğleye kadar	*till noon*
tanımak	*to know (someone)*
iyi şanslar	*good luck*

Sorular / Questions

1. Amerikan Kız Lisesi nerede?
2. Türkçe kurslarını kim düzenleyecek?
3. Kimler Türkçe öğrenecek?
4. Hangi öğretmenler orta derece kurslara edvma edecek?
5. Amerikan Kız Lisesi'nde kaç kurs olacak? Kimler için?
6. Bu öğretmenler Türkiye'de ne kadar yaşacaklar?
7. Bu öğretmenlerin Türkçe öğrenmeleri gerekiyor mu? Niçin?
8. Onlar öğleye kadar ne yapacaklar?
9. Öğleden sonra ne yapacaklar?
10. Bu öğretmenler Türkiye'ye ne zaman gelecekler?

Bir Seyahat

Bay ve Bayan Anderson California'dan New York'a bir seyahat yapacaklar. Pazar günü uçakla California'dan ayrılacaklar. Saat ikide hava alanına gidecekler. Uçak saat iki buçukta kalkacak. Aynı günün akşamı, New York'ta olacaklar ve Times Square civarında bir otelde kalacaklar.

Onlar, Pazartesi sabahı erken kalkıp, kahvaltı edecekler ve saat dokuz buçukta otelden çıkacaklar. Sonra 34'üncü ve 42'nci caddeler arasında bir yürüyüş yapacaklar. Öğleden sonra bir kaç büyük mağazadan alışveriş yapacaklar. Bu büyük mağazalar Altıncı Cadde üzerindedir. Alışverişten sonra Amerika'nın en yüksek binası olan Empire State Building'i ziyaret edecekler. Bu binadan bütün kenti seyredecekler. Akşam üzeri bir sinemaya gidip, güzel bir film seyredecekler. Sonra otele dönüp, uyuyacaklar. Çünkü o gün çok yorulacaklar.

Ertesi gün metroyla Birleşmiş Milletler Binası'na gidecekler. Bu bina East River'ın kenarında ve çok ilginç. Burada her ülkeden insanlar çalışıyor. Öğle yemeğini bir Çin Lokantası'nda yiyip, yemekten sonra bir süre daha dolaşa-caklar. O akşam New York'ta eski bir dostlarına akşam yemeğine gidecekler.

Çarşamba günü tekrar alışveriş yapacaklar. Beşinci Cadde'de çok güzel mağazalar var. Oraya gidecekler ve hediyeler alacaklar.

Bay ve Bayan Anderson, California'ya trenle dönecekler. Bu şekilde onlar daha bir çok kent görecekler. Pazar günü evlerinde olacaklar. New York'ta gördüklerini akrabalarına, arkadaşlarına ve dostlarına anlatacaklar. Bu, onlar için çok ilginç bir gezi olacak.

Yeni kelimeler / Vocabulary

bir seyahat yapmak	*to take a trip*
ayrılmak	*to leave*
arasında	*between, among*
yürüyüş yapmak	*to go for a walk*
mağaza	*shop*
yorulmak	*to be tired*
ertesi gün	*next day*
metro	*subway*
Birleşmiş Milletler	*United Nations*
ülke	*country*
dolaşmak	*to walk about*
dost	*close friend*
alışveriş yapmak	*to do shopping*
hediye	*present, gift*
akraba	*relative*
ilginç	*interesting*
olacak	*will be*

Sorular / Questions

1. Andersonlar ne yapacaklar?
2. New York'a kimler gidecek?
3. Onlar ne zaman ve neyle gidecek?
4. Ne zaman havaalanında olacaklar ve uçak ne zaman kalkacak?
5. Ne zaman New York'ta olacaklar?
6. New York'ta nerede kalacaklar?
7. Pazartesi sabahı ne zaman kalkacaklar ve otelden saat kaçta çıkacaklar?
8. Nerede bir yürüyüş yapacaklar?
9. Öğleden sonra ne yapacaklar?
10. Büyük mağazalar nerede?
11. Alışverişten sonra neyi ziyaret edecekler?
12. Bütün kenti nereden seyredecekler?
13. Akşam üzeri ne yapacaklar?

14. Sinemadan sonra ne yapacaklar? Niçin?
15. Ertesi günün sabahı nereye gidecekler?
16. Birleşmiş Milletler Binası nerede?
17. Öğle yemeğini nerede yiyecekler ve yemekten sonra ne yapacaklar?
18. O akşam nereye gidecekler?
19. Çarşamba günü ne yapacaklar?
20. Onlar California'ya nasıl dönecekler?
21. Niçin trenle dönecekler?
22. Ne zaman evlerinde olacaklar?
23. Gördüklerini kimlere anlatacaklar?
24. Bu onlar için nasıl bir seyahat olacak?

Bugün Ne Yapacaksınız?

Ali   : Bugün ne yapacaksınız?
Ahmet : Bugün okulda olacağım.
Ali   : Dersiniz kaçta bitecek?
Ahmet : Öğleden sonra üçte bitecek.
Ali   : Öğleden sonra eve gitmeyecek misiniz?
Ahmet : Gideceğim, çünkü eşim ve kızım beni bekleyecekler.
Ali   : Niçin bekleyecekler? Önemli bir şey mi var?

| Ahmet | : | Benim için önemli değil ama, onlar için önemli. Alışveriş ya-pacağız. Eşime elbise, kızıma bir çift ayakkabı alacağız. |
| Ali | : | Allah yardım etsin. Her şey çok pahalı. Biliyorsun, biz de geçen Cumartesi alışverişe gittik ve çok para harcadık. Mecburduk, çünkü gelecek hafta kayak yapmak için dağa gideceğiz. |

Yeni kelimeler / Vocabulary

okulda olmak	*to be at school*
önemli bir şey	*an important thing*
elbise	*dress*
bir çift ayakkabı	*a pair of shoes*
Allah yardım etsin	*may God help you*
mecburduk	*we had to*
kayak yapmak	*to ski*

Sorular / Questions

1. Ahmet bugün nerede olacak?
   Siz bugün nerede olacaksınız?
   Eşiniz bugün nerede olacak?
2. Öğleden sonra saat üçte ne olacak?
3. Ahmet'in eşi ve kızı niçin Ahmet'i bekleyecekler. Önemli bir şey mi var?
4. Ali Ahmet'e niçin "Allah yardım etsin" dedi?
5. Ali niçin çok para harcadı? Mecbur muydu?

Sinemaya Gidiş

Mert	:	Bugün saat beşte sinemaya gideceğim. Benimle gelir misin?
Canan	:	Herhalde gelmeyeceğim, çünkü çok yorgunum. Dün akşam biraz hastaydım.
Mert	:	Ben de çok yorgunum ama, bir arkadaşım, "Film çok güzel". dedi. Onun için görmek istiyorum.
Canan	:	Kaç matinesine gideceksin?
Mert	:	18:30 matinesine.
Canan	:	Ne oynuyor?
Mert	:	Bir müzikal komedi.
Canan	:	Peki, ben de geleceğim. 18:00' de beni evden al.

benimle	*with me*
herhalde	*probably*
yorgun	*tired*
yorgunum	*I am tired*
biraz	*a little*
hastaydım	*I was sick*
görmek	*to see*
görmek istiyorum	*I want to see*
matine	*matinee*
ne oynuyor?	*what's on?*
müzikal komedi	*musical comedy*
almak	*to pick up, to take*

1. Mert bugün nereye gitmek istiyor?
2. Kimi sinemaya götürmek istiyor?
3. Canan gitmek istiyor mu? Niçin?
4. Ne oynuyor?
5. Kaç matinesine gitmek istiyor?
6. Sonunda Canan sinemaya gitmek istiyor mu?

GRAMER

Gelecek Zaman
Affirmative Form:

Base +	*Future Suffix*	*Personal Suffix*	
Gel	**ecak(ğ)**	**im**	*I will come.*
Gel	**ecek**	**sin**	*You will come.*
Gel	**ecek**		*He(she,it) will come*
Gel	**ecek(ğ)**	**iz**	*We will come.*
Gel	**ecek**	**siniz**	*You will come.*
Gel	**ecek**	**ler**	*They will come.*

Interrogative Form:

Base	*Future Suffix*	*Interrog. Pres Suffix*		
	(ecak,acak)	**mi-mı)**		
Gel	**ecek**	**mi**	**yim?**	*Will I come?*
Gel	**ecek**	**mi**	**sin?**	*Will you come?*
Gel	**ecek**	**mi?**		*Will he come?*
Gel	**ecek**	**mi**	**yiz?**	*Will we come?*
Gel	**ecek**	**mi**	**siniz?**	*Will you come?*
Gel	**ecek(ler)**	**mi**		*Will they come?*
Gel	**ecek(ler)**	**mi**		

Negative-Interrogative Form:

Base	*Neg Sfx.*	*Future Sfx.*	*Interrog. Sfx.*	*Personal Sfx.*	
	(me,ma)	**-y(ecek,acak)**	**(mi,mı)**		
Gel	**me**	**y ecek**	**mi**	**yim?**	*Will I not come?*
Gel	**me**	**y ecek**	**mi**	**sin?**	*Will you not come?*

Gel	me	y ecek	mi?		*Will he not come?*
Gel	me	y ecek	mi?	yiz?	*Will we not come?*
Gel	me	y ecek	mi	siniz?	*Will you not come?*
Gel	me	y ecek(ler)	mi?		*Will they not come?*

Negative Form:

Base	Neg.Sfx.		Future Sfx.	Pers.Sfx.	
Gel	me	y	ecek(ğ)	im.	*I will not come.*
Gel	me	y	ecek	sin.	*You will not come.*
Gel	me	y	ecek		*He will not come.*
Gel	me	y	ecek(ğ)	iz	*We will not come.*
Gel	me	y	ecek	siniz.	*You will not come.*
Gel	me	y	ecek	ler	*They will not come.*

ALIŞTIRMALAR (Gelecek Zaman)
Conjugate the verbs below in the Future Tense:

gitmek	to go
içmek	to drink
yemek	to eat
vermek	to give
almak	to buy
inmek	to get off
binmek	to get on
yürümek	to walk
görmek	to see
oturmak	to sit
yaşamak	to live
kalmak	to stay
kalkmak	to get up

Change the sentences into below the Future Tense:

- Dün işe gittim.	- Yarın işe--------------
- Dün orada kaldım.	- Yarın orada------------
- Dün bize geldiler.	- Yarın bize------------
- Dün lokantaya gittik.	- Yarın lokantaya----------
- Dün kontrat yaptı.	- Yarın kontrat---------------
- Dün Ankara'ya döndüler.	- Yarın Ankara'ya-----------
- Dün onu aradınız.	- Yarın onu--------------

Complete the followig sentence by changing them into the Future Tense,

and adding the proper personal endings:

a. Ahmet Bey yarın bana telefon **(etmek)**--------
b. Eşim ve ben bu akşam Karaca Lokantası'nda yemek **(yemek)**---------
c. Yarın arkadaşını havalanında **(karşılamak)**---------------
d. Yarın sabah Hasan beni otobüs durağında **(beklemek)**----------
e. Üç gün sonraki toplantıda **(konuşmak)**----------
f. Öğretmen Türkçe dersine **(gelmek)**----------------
g. Gelecek yıl Amerika'da **(olmak)**-----------------
h. Onlar Hilton Oteli'nde **(kalmak)**----------
i. Biz ikimiz yarın öğleeden sonra oraya **(gitmek)**------------
j. İlacını yarın sabah kahvaltıdan sonra **(içmek)**--------

Change the above sentences into the Negative and Interrogative Forms.
Change the following Affrimative sentences into the Question Form by using the following question words:
Ne zaman, kaç, neyle (ne ile), ne, kim, nereye, nereden, kiminle, nerede
Ask the question about the word in block letters:
Example: SAAT ÜÇTE evde olacağım.
Ne zaman evde olacaksın?
1. Dr. Ali PAZAR GÜNÜ bize gelecek.
2. Ahmet KIZ ARKADAŞIYLA dans ediyor.
3. Üç kişi AMERİKA'DAN gelecek.
4. Film·ON BEŞ DAKİKA SONRA başlayacak.
5. Biz yarın saat 08:00' de TİYATROYA gideceğiz.
6. Taksi BİRAZ SONRA gelecek.
7. ONLAR bu akşam evde olacaklar.
8. Ben onu İSTASYONDA karşılayacağım.
9. Ben AHMET BEY'LE buluşacağım.
10. Doktor BEŞ DAKİKA SONRA burada olacak.

Complete the following sentences by filling in the blanks with the Turkish

equivalent of the word or phrase in parenthesis:

Example: Biz GELECEK YIL (next year) Almanya'ya gideceğiz.

1. Ben----------*(with him)* konuşamacağım.
2. Onlar Ankara'ya------------*(by bus)* gidecekler.
3. Biz---------*(a few minutes later)* sinemada olacağız.
4. Ben çorbayı--------*(with spoon)* içeceğim.
5. Ben------------*(with her)* dans edeceğim.
6. O güzel kız----------*(with whom)* sinemaya gidecek?
7. Onlar istasyona----------*(by car)* gidecekler.
8. Ahmet Bey'i------------*(by phone)* arayacağım.

Change the sentences below into the Future Tense:

Example: Şimdi sinemaya gidiyorum.---------------- Yarın sinemaya gideceğim.
1. Kitabımı okuyorum.--
2. Onlar su içiyorlar.--
3. Ahmet okuldan geliyor.---
4. Lokantaya gidiyoruz.--
5. O dün gelmedi.--
6. Biz gitmiyoruz.--
7. Kitabımı okumadım.---
8. Siz dün gelmediniz.---
9. Su içtiniz mi?---
10. Kitabınızı okudunuz mu?---
11. Onlara söylediniz mi?--
12. Dün akşam kaldılar mı?--
13. Dün bize gelmediler mi?---
14. Dün işe gitmedin mi?---
15. Dün orada kalmadınız mı?---
16. Dün lokantaya gitmedik mi?---

Fill in the blanks with the proper form of verbs:

1. Biz yarın Amerika'ya------------**(gitmek)**
2. Gelecek hafta bir toplantı var. Ben orada-----------**(konuşmak)**
3. Üniversiteyi bitirdikten sonra onlar doktor------------**(olmak)**
4. O yarın sabah evden saat altıda------------**(çıkmak)**
5. Bu akşam televizyondaki renkli filmi------------**(seyretmek)**

6. Ahmet gelecek ay o güzel kızla----------(evlenmek).
7. Ehliyet aldıktan sonar araba--------(kullanmak).
8. Pınar, önce Ankara'ya----------(gitmek), sonra uçakla geri
----------------------(dönmek).
9. Biz İngilizce öğrendikten sonra Almanca---------(öğrenmek).
10. Annem gelecek ay hastaneye -------------(yatmak) ve ameliyat--------
(olmak).

Change the sentences above into the Interrogative and Negative Forms:

Example: Biz yarın Amerika'ya gidecek miyiz?
Biz yarın Amerika'ya gitmeyeceğiz.

Fill in the blanks with the proper form of the verbs in the following paragraph:

Bir Amerikalı aile dostumuz gelecek yaz Türkiye'ye----------------------(gelmek)
ve uzun süre bizimle------------------(kalmak), biz onu havaalanında-------------,--------
------------------(karşılamak), ve sonra bizim eve------------------(getirmek). O Türk
yemeklerini çok------------------(sevmek). Her gün Türk yemeklerini--------------------
------------------(yemek). Bir süre İstanbul'da kaldıktan sonra hep beraber
İzmir'e ----------------------(gitmek) ve orada üç gün----------------------(kalmak)
Amerikalı dostumuz İzmir'de bir arkadaşını----------------------(ziyaret etmek)
ve onun evnide akşam yemeği ----------------------(yemek).
İzmir'de tarihi yerleri gördükten sonra vapurla İstanbul'a----------------(dön-
mek) ve her gün plaja giderek------------------(yüzmek) .Akşamları da tiyatro ve
sinemalara ----------------(gitmek). Dostumuz Türkçe bilmiyor ama----------------
(öğrenmek).

Fill in the blanks with the proper form of the verbs:

1. Siz bu akşam sinemaya----------------------(gitmek)?
2. Yemekten sonra ne------------------(yapmak)?
3. Arkadaşınıza birmektup----------------(yazmak)?
4. Amerika'ya neyle------------------(dönmek)?
5. Siz yemekten sonra gazete--------------------(okumak)?
6. Ben ameliyat------------------(olmak)?
7. Onlar bu akşam bize--------------------(gelmek)?
8. O ne zaman ders----------------(çalışmak)?
9. Bugün Ahmet Bey'i------------------(görmek)?
10. Şimdi ne--------------------(yapmak)?

Fill in the blanks with the proper form of the personal pronouns:

1.----------------gidecek misiniz?
2.----------------radyo dinleyeceğim.
3.----------------İngilizce konuşacaklar.
4.----------------Türkçe mektup yazacak mı?
5.----------------bu akşam kitap okumayacağız.
6.----------------otelde kalacaksınız.
7.----------------uyumayacağım.
8.----------------kırmızı şarap içecek miyiz?
9.----------------ne zaman geleceksiniz?
10.----------------nerede kalacaklar?

Zaman Cümlecikleri / Time Expressions

yarın	*tomorrow*
yarın sabah	*tomorrow morning*
yarın öğleden sonra	*tomorrow afternoon*
yarın akşam	*tomorrow evening*
yarın gece	*tomorrow evening*
gelecek hafta	*next week*
gelecek ay	*next month*
gelecek yıl	*next year*
beş dakika sonra	*five minutes later*
yarım saat sonra	*half an hour later*
birkaç dakika sonra	*a few minutes later*

Questions with Question Words:

Remember never to use the interrogative ending 'mi' or 'mı' when you ask questions which already contain an interrogative word such as 'who?', 'where?', 'when?', 'how?', etc.

A question doesn't necessarily start with a question word in Turkish. The interrogative word takes its regular place in the word order.

Observe the place of each question word in the following patterns:

Subject (who) KİM	Time (when) NE ZAMAN	by (by what) NEYLE	to (where) NEREYE	Verb
Ali	gelecek ay	uçakla	Ankara'ya	gidecek.
O	yarın	trenle	Paris'e	gidecek.
Biz	on dakika sonra	arabayla	plaja	gideceğiz.
Kahvaltı	on dakika sonra	-	-	hazır olacak.

Examples:

1. **KİM** gelecek ay uçakla Ankara'ya gidecek?   *Ali.*
2. Ali **NE ZAMAN** ucakla Ankara'ya gidecek?   *Gelecek ay.*
3. Ali gelecek ay **NEYLE** Ankara'ya gidecek?   *Uçakla.*
4. Ali gelecek ay uçakla **NEREYE** gidecek?   *Ankara'ya.*
5. **NE** on dakika sonra hazır olacak?   *Kahvaltı.*
6. Kahvaltı **NE ZAMAN** hazır olacak?   *On dakika sonra.*

The post Positive **"İLE"**
Yarın tren **ile** Ankara'ya gideceğim.
I shall go to Ankara by train tomorrow.

Onlar otomobil **ile** gelecekler.
They will come by automobile.

The contracted form is **-le,-la,-yle,-yla** *according to vowel harmony.*

Uçak**LA**	araba**YLA**	kar**LA**	buz**LA**	
elbise**YLE**	şoför**LE**	bez**LE**	kalem**LE**	etc.

This suffix is also attached to possessive pronuons:

benimle	*with me*
seninle	*with you*
onunla	*with him,her,it*
bizimle	*with us*
sizinle	*with you*
onlarla	*with them*

Examples:

1. Kızım fakir bir ADAMLA evlenecek.
2. Bu akşam partide güzel bir HANIMLA tanışacağım.
3. Et çok sert. Onu BIÇAKLA keseceğim.
4. Ahmet Bey'i TELEFONLA eve davet edeceğiz.
5. Ankara'ya NEYLE gideceksiniz?
6. Tatlıyı KAŞIKLA yiyeceğim.
7. Ayşe Hanım bugün yemek pişirmedi. Onun için onlar bu akşam PEY-NİRLE ekmek yiyecekler.
8. O güzel kız KİMİNLE sinemaya gidecek?
9. ONUNLA konuşacağız.
10. Sinema çok uzak. Onun için ARABAYLA gideceğiz.
11. Onlar NEYLE ve KİMİNLE gelecekler?
12. Ben bundan sonra BABAMLA ders çalışacağım. Çünkü o herşeyi çok iyi biliyor.

ANKARA'YA GİDİŞ

Berna : Gelecek hafta burada olacak mısınız?
Rana : Hayır, Ankara'ya gideceğim.
Berna : Ne zaman?
Rana : Pazartesi günü.
Berna : Neyle gideceksiniz?
Rana : Zannediyorum, uçakla.
Berna : Nerede kalacaksınız?
Rana : Otelde.
Berna : Hangi otelde?
Rana : Ankara Oteli'nde
Berna : Kimi göreceksiniz?
Rana : Ahmet Kaya'yı göreceğim. Alman Hastanesi'nde doktordur.

Okuma / Reading

Rana gelecek hafta İstanbul'da olmayacak, çünkü o Ankara'ya gidecek. Ankara'ya uçakla gidecek ve orada Ankara Oteli'nde kalacak. Ankara'da Ahmet Kaya'yı görecek. Ahmet Kaya doktordur ve Alman Hastanesi'nde çalışıyor. Rana Ankara'da bir hafta kalacak ve sonra İstanbul'a dönecek. Berna Rana'yı hava alanında karşılayacak ve beraber eve dönecekler.

1. Berna ve Rana nerede oturuyorlar?
2. Ankara'ya kim gidecek?
3. Rana Ankara'ya neyle gidecek?
4. Ankara'da nerede kalacak ve kimi görecek?
5. Ahmet Kaya kim? O nerede çalışıyor?
6. Rana'yı hava alanında kim karşılayacak ve beraber nereye gidecekler?

SİNEMA

Sevim	:	Bu akşam ne yapacaksın?
Taylan	:	Sinemaya gideceğim.
Sevim	:	Ne seyredeceksiniz? Güzel bir film var mı?
Taylan	:	Evet, çok güzel bir Fransız filmi var.
Sevim	:	Fransızca biliyor musun?
Taylan	:	Biraz biliyorum.
Sevim	:	Televizyonda da çok güzel bir Türk filmi var.
Taylan	:	Evet ama, ben Fransız filmini seyredeceğim.

Okuma / Reading

Bu akşam, Taylan sinemaya gitmek istiyor, film seyredecek. Sinemada Fransız filmi oynuyor. Taylan biraz Fransızca biliyor. Televizyonda da bir Türk filmi var, ama Taylan televizyondaki Türk filmini seyretmeyecek. Taylan'ın eşi, Sevim evde kalacak ve Türk filmini seyredecek.

1. Bu akşam kim sinemaya gidecek?
2. Taylan Fransızca biliyor mu?
3. Televizyonda ne var?
4. Sevim bu akşam ne yapacak?

ÖĞLEDEN SONRA

Tanfer	:	Bugün öğleden sonra eve gidecek misiniz?
Vahap	:	Hayır, bugün öğleden sonra tenis oynayacağım.
Tanfer	:	Nerede oynayacaksınız?
Vahap	:	Tenis kulübünde oynayacağım.
Tanfer	:	Kiminle oynayacaksınız?
Vahap	:	Hüseyin'le. O çok iyi bir tenis oyuncusudur.

Okuma / Reading

Vahap bugün öğleden sonra eve gitmeyecek. O tenis kulübünde tenis oynayacak. Vahap'ın yakın bir arkadaşı çok iyi tenis oynuyor. Bugün öğleden sonra onlar birlikte tenis oynayacaklar. Saat beşte Tenis Kulübü'nden ayrılacaklar ve otobüsle evlerine dönecekler. Vahap'ın eşi Tanfer onu evde bekleyecek.

1. Vahap kim? O bugün öğleden sonra ne yapacak?
2. Vahap nerede ve kiminle tenis oynayacak?
3. Onlar Tenis Kulübü'nden saat kaçta ayrılacaklar?
4. Vahap'ı evde kim bekleyecek?
5. Onlar evlerine nasıl dönecekler?

Ek Sözlük / Supplemantary Vocabulary

makale	*article*
ahçıbaşı	*chef*
biriktirmek	to save
kırıştırmak	*to wrinkle*
kızartmak	*to fry*
yaka	*collar*
transformatör	*transformer*
pirzola	*chop*
tartışmak	*to argue, do discuss*
alışmak	*to get used to*
ara sıra	*sometimes*
dağıtmak	*to distribute*
dilemek	*to wish*
faiz	*interest*
gayet	*extremely*
gerekmek	*to be necessary*
göze almak	*to risk*
hareket	*action, conduct*
istek	*will, desire*
açıklama yapmak	*to give information*
kanunsuz	*illegal*
kâr	*profit, gain*
karıştırmak	*to mix*
kendi	*own*

EVİMDE   "At My House"

Ayşe   :   Ablam evde yok mu Leyla? Nerede?
Leyla :   Bir arkadaşı ile sinemaya gitti.
Ayşe   :   Hangi sinemaya gittiler? Biliyor musunuz?
Leyla :   Kent Sineması'na
Ayşe   :   Ne zaman gittiler?
Leyla :   Biraz önce gittiler. Çabuk gidersen, köşede yakalarsın.
Ayşe   :   Kaç dakika oldu?
Leyla :   On dakika kadar oldu.
Ayşe   :   Yakın bir sinema olsaydı, giderdim.
Leyla :   Dolmuşla gidersen, belki sinemanın önünde onları görürsün.

abla	elder sister
abi(ağabey)	elder brother
biraz önce	a little while ago
çabuk	quick
yakalamak	to catch
on dakika sürer	about ten minutes
belki	probably

Sorular / Questions

1. Ayşe ablasını kimden sordu?
2. Ablası hangi sinemaya gitti?
3. Kent Sineması çok uzak mı?
4. Ayşe sinemaya gitmek istedi mi?
5. Erken dönseydi, gider miydi?
6. Ablası kaç dakika önce evden çıktı?
7. Ayşe dolmuşla giderse, ablasını nerede görür?

TYPE I:

The "IF" Clause (Present Tense) + Main Clause (Future Tense)

To express a possible action, the conditional "IF" Clause is formed by adding the suffix /-se/ or /-sa/ to the Present Tense: The word EĞER (IF) may come at the beginning of the "IF" Clause: however, it is usually omitted. On the other hand, the Main Clause is expressed by the use of the Future Tense, the abilitative, obligatory or imperative forms.

Examples:

İstanbul'a gelirsem, otelde kalacağım.
İstanbul'a gelirsem, sizi görebileceğim.
İstanbul'a gelirsem, bir hafta kalmalıyım.
İstanbul'a gelirsem, beni karşılayın.

Present Tense- Affirmative Form

BASE +	Tense sign	Cond. + marker	Pers + suffix	
Gel	ir	se	m	If I come
Gel	ir	se	n	If you come
Gel	ir	se		If he come
Gel	ir	se	k	If we come
Gel	ir	se	niz	If you come
Gel	ir	ler	se	If they come

Translate the following sentences into English:

(**Eğer**) sorarsa, cevap vereceğim. (veririm)
(**Eğer**) yüzersek, hasta olacağız. (oluruz)
(**Eğer**) yemek yerse, iyileşecek. (iyileşir)
(**Eğer**) vazoyu kırarsan annen üzülecek. (üzülür)
(**Eğer**) çok okursanız, öğreneceksiniz. (öğrenirsiniz)

Translate the following sentences into Turkish:

If you are at home this evening, we will visit you.
If you throw the ball, he will catch it.
If they study, they will learn quickly.
If he gets a raise this year, he will buy a car.
If she falls down, she will break her arm.

Present Tense- Negative Form

BASE +	Negative marker +	Cond. marker +	Pers. suffix
Gel	mez	se	m
Gel	mez	se	n
Gel	mez	se	
Gel	mez	se	k
Gel	mez	se	niz
Gel	mez	ler	se

Translate the following sentences into English:

(Eğer) sormazsa, cevap vermeyeceğim (vermem).
(Eğer) yüzmezsek, hasta olacağız (oluruz).
(Eğer) yemek yemezse, iyileşmeyecek (iyileşmez).
(Eğer) vazoyu kırmazsan, annen üzülmeyecek (üzülmez).
(Eğer) çok okumazsanız çok öğrenemeyeceksiniz (öğrenmezsiniz).

Translate the follownig sentences into Turkish:

If you are not at home this evening, we won't visit you.
If you don't throw the ball, he won't catch it.
If they don't study, they won't learn quickly.
If he doesn't get a raise this year, he won't buy a car.
If she doesn't fall down, she won't break her arm.

Present Tense-Interrogative Form

BASE +	Conditional marker +	Personal suffix +	Interrogative marker
Gel	ir - se	m	mi?
Gel	ir - se	n	mi?
Gel	ir - se		mi?
Gel	ir - se	k	mi?
Gel	ir - se	niz	mi?
Gel	ir - se	ler	mi?

Translate the following questions into English:

Gelirse mi daha iyi olur, kalırsa mı?
Peynir yesek mi susarız, zeytin yersek mi?
Hızlı yürürlerse mi çabuk giderler, yavaş yürürlerse mi?
Konuşsam mı iyi olur, bağırsam mı?
Dinlerseniz mi daha iyi öğrenirsiniz, okursanız mı?

Translate the following sentenes into Turkish:

Will it be better if I stay in bed or go to the hospital?
Will it be wiser if you listen to your teacher or to your friend?
Will it be more logical if she stays with her children or goes abroad?
Will it be worse if she takes those pills or not?
Will it be better if they study Latin or not?

Present Tense-Negative-Interrogative Form

BASE +	Negative marker +	Con. marker +	personal suffix +	Interrog. marker
Gel	me	se	m	mi?
Gel	me	se	n	mi?
Gel	me	se		mi?
Gel	me	se	k	mi?
Gel	me	se	niz	mi?
Gel	me	se	ler	mi?

Translate the following sentences into English:

Hiç su içmese mi daha iyi olur, içse mi?
Yüzmesem mi daha az yorulurum, kayak yapmasam mı?
Konuşmasak mı daha iyi olur, konuşsak mı?
Dinleseler mi daha iyi olur, dinlemeseler mi?
Kelimeleri ezberleseniz mi daha iyi, ezberlemeseniz mi?

Translate the following sentences into Turkish:

Will it be better if I don't see her?
Will it be much safer if you don't go by bus?
Will it be more appropriate if they don't listen to him?
Will it be worse if she doesn't go to the doctor?
Will it be more fun if they don't sing together?

TYPE II:

The "IF" Clause (Past tense) + Main Clause (Past tense)
To express a present or future action which is unlikely, improbable, unreal, or contary to the truth at the present time, the Past Tense of the verb *"To Be"* or the Past Tense of other verbs are used in the conditional *"IF"* Clause. The Main Clause also occurs in the past tense.

Examples:

Kitabım olsaydı, okurdum.
Erken gelseydim, beni görürdü.
Param olsaydı, bir araba alırdım.
Şarkı bilseydim, söylerdim.

Past Tense- Affirmative Form

BASE +	Conditional Marker +	Buffer + tense sign +	Personal suffix	
Gel	se	(y)di	m	If I came
Gel	se	(y)di	n	If you came
Gel	se	(y)di		If he came
Gel	se	(y)di	k	If we came
Gel	se	(y)di	niz	If you came
Gel	se	ler	di	If they came

Translate the following sentences into English:

Topu yavaş atsaydınız, tutardım.
İngilizce bilselerdi, Fransızca'yı çabuk öğrenirlerdi.
Fransa'ya gitseydik, Paris'i görürdük.
Polis hırsızı yakalasaydı, ödül alırdı.
Öğretmeni dinleselerdi, doğru cavap verirlerdi.

Translate the following sentences into Turkish:

If I came home early, I would have time to prepare the meal.
If she spoke to me in Turkish, I would understand.

If they went to the doctor, he would give them some pills.
If you were sincere in your thoughts, I would appreciate it.
If the teacher asked him, he would memorize the poem.

Past Tense-Negative Form

BASE +	Negative marker +	Conditional marker +	Buffer + tensesign +	Personal suffix
Gel	me	se	(y)di	m
Gel	me	se	(y)di	n
Gel	me	se	(y)di	
Gel	me	se	(y)di	niz
Gel	me	se	ler	di

Translate the following sentences into English:

Çalışmasalardı, başaramazlardı.
Koşmasalardı, trene yetişemezlerdi.
Okumasalardı, öğrenemezlerdi.
Gelmeseydi, göremezdi.
Sormasaydınız, söylemezdim.

Translate the following sentences into Turkish:

If I didn't swim, I woludn't get ill.
If he didn't play tennis, she wouldn't get thin.
If we didn't study hard, we wouldn't learn Turkish
If they didn't play well, they wouldn't be admitted to the team.
If you dirn't listen to me, you would lose your money.

Past Tense- Interrogative Form

	Conditional marker +	Interragative marker + buffer	tense sign + personal suffix
Gel	se	mi(y)	dim?
Gel	se	mi(y)	din?
Gel	se	mi(y)	di?
Gel	se	mi(y)	dik?
Gel	se	mi(y)	diniz?
Gel	se	ler(personal suffix)	di?

Translate the following sentences into English:

Sorsalar mı daha iyi olurdu, sormasalar mıydı?
Sinemaya gitseler miydi daha çok eğlenirlerdi?
Briç oynasak mı daha iyi vakit geçirirdik?
Kapıyı kırsalar mıydı adamı daha çabuk kurtarırlardı?
Uçakla gitseler miydi, daha çabuk varırlardı?

Translate the following sentences into Turkish:

Would it be nice if they came?
Would it be funny if they wore short dresses?
Would it be fun if we went swimming?
Would it be worse if she stopped taking pills?
Would it be nice if she herself presented the gift to her father?

Past Perfect Tense-Affirmative form

BASE +	MİŞ	BASE +	Cond. marker +	Buffer + tense sign +	Pers. suffix
Gel	miş	ol	sa	(y)dı	m
					If I had come
Gel	miş	ol	sa	(y)dı	n
					If I had come
Gel	miş	ol	sa	(y)dı	*If he had come*
Gel	miş	ol	sa	(y)dı	k
					If we had come
Gel	miş	ol	sa	(y)dı	nız
					If you had come
Gel	miş	ol	sa	(y)dı	lar
					If they had come

(*OR:* Gelmiş olsalardı)

Translate the following sentences into English:

Adresinizi bilmiş olsaydım, size yazardım (yazmış olacaktım)
Çalışmış olsaydınız, sınıfınızı geçerdiniz (geçmiş olacaktınız)
Gelmiş olsaydı, görürdü (görmüş olacaktı)
Arabaları dolmuş olsaydı, rahat giderlerdi (rahat gitmiş olacaklardı)
Yemek yemiş olsalardı, acıkmazlardı (acıkmamış olacaklardı)
Yorgun olmuş olsaydı, uyurdu (uyumuş olacaktı)

Past Perfect Tense-Negative Form

BASE +	Neg. marker +	MİŞ	BASE +	Cond. marker +	Buffer + tense sign +	Pers. suffix
Gel	me	miş	ol	sa	(y)dı	m
Gel	me	miş	ol	sa	(y)dı	n
Gel	me	miş	ol	sa	(y)dı	
Gel	me	miş	ol	sa	(y)dı	k
Gel	me	miş	ol	sa	(y)dı	nız
Gel	me	miş	ol	sa	(y)dı	lar

(*OR:* Gelmemiş olsalardı)

Past Tense- Negative Interrogative Form

BASE +	Negative marker +	cond. marker +	Interrog. marker +	Buffer + tense sign +	Personal suffix
Gel	me	se	mi	(y)di	m?
Gel	me	se	mi	(y)di	n?
Gel	me	se	mi	(y)di?	
Gel	me	se	mi	(y)di	k?
Gel	me	se	mi	(y)di	niz?
Gel	me	se	mi	(y)di	ler?

(*OR:* Gelmeseler miydi?)

Translate the following sentences into English:

Gelmeseler miydi daha iyi olurdu?
Konuşmasaydık mı daha çabuk anlardık?
Söylemeseydi mi daha akıllıca olurdu?
Pratik yapmasaydım mı daha çabuk öğrenirdim?
Gülmeseydi mi daha iyi olurdu?

Translate the following sentences into Turkish:

Would it be better if they didn't go on a picnic?
Would it be more appropriate if they didn't come?
Would it be much better if they ddn't take her to the hospital?
Would it be safer if she didn't swim in the river?
Would it be wiser if they didn't tell him about the accident?

TYPE III:

The "IF" Clause (Past Perfect Tense) + Main Clause (Future Perfect Past)
To indicate an action which is unreal or contrary to the truth in the past, both the "IF" and the main clauses may appear in various past tenses, namely the simple past, the future conditional, the past perfect the habitual past.

Examples:

Ofiste olmuş olsaydı, telefona cevap verirdi.
Bunu önceden bilmiş olsaydım, öyle hareket ederdim.
Lisan bilmemiş olsaydınız, zor durumda kalacaktınız.
Bugün oynamasaydık, bir daha oynayamazdık.

Translate the following sentences into English:

Adresinizi bilmemiş olsaydım, size yazmazdım (size yazmamış olacaktım)
Çaışmamış olsaydınız, sınıfınızı geçmezdiniz (sınıfınızı geçmemiş ola-
caktınız)
Gelmemiş olsaydı, görmezdi (görmemiş olacaktı)
Arabaları olmamış olsaydı, rahat gitmezlerdi (rahat gitmemiş olacaklardı)
Yemek yememiş olsalardı, acıkırlardı (acıkmış olacaklardı)
Yorgun olmamış olsaydı, uyumazdı (uyumamış olacaktı)
Tamir etmemiş olsaydınız, arıza yapardı (arıza yapmış olacaktı)
Türkçe bilmemiş olsaydı, konuşmazdı (konuşmamış olacaktı.)

Past Perfect Tense-Interrogative Form

BASE +	MİŞ	BASE +	Cond. marker +	Interrog. marker +	Buffer + tense sign	Pers. suffix
Gel	miş	ol	sa	mı	(y)dı	m?
Gel	miş	ol	sa	mı	(y)dı	n?
Gel	miş	ol	sa	mı	(y)dı	
Gel	miş	ol	sa	mı	(y)dı	k?
Gel	miş	ol	sa	mı	(y)dı	nız?
Gel	miş	ol	sa	mı	(y)dı	lar?

(OR: Gelmiş olsalar mıydı?)

Past Perfect Tense-Negative Interrogative Form

BASE +	Neg marker +	MİŞ	BASE +	Cond. marker +	Interrog. marker +	Buffer + tense sign +	pers. suffix
Gel	me	miş	ol	sa	mı	(y)dı	m?
Gel	me	miş	ol	sa	mı	(y)dı	n?
Gel	me	miş	ol	sa	mı	(y)dı?	
Gel	me	miş	ol	sa	mı	(y)dı	k?
Gel	me	miş	ol	sa	mı	(y)dı	nız?
Gel	me	miş	ol	sa	mı	(y)dı	lar?

(OR: Gelmemiş olsalar mıydı?)

Note: *The Interrogative and the Negative-Interrogative forms of the Past Perfect Tense in Conditionals are used very infrequently in Turkish. The conjugations of these two forms are given above for grammatical information only.*

DRILL on the "IF" Clause

Use the correct form of the verbs in parentheses to indicate the future possible form:

Example: O çalışırsa (çalışmak), sınıfını geçecek (geçmek)

If he studies, he will pass his class.
1. Ona şimdi... (telefon etmek), öğleden sonra için randevu......................(alabilmek).
2. Kitabın yazarını.............................(görmek), bazı sorular ....(sormak).
3. Yazın Amerika'ya ....(gitmek), oradan size güzel bir hediye.....................(getirmek).
4. Bana ihtiyacınız..........................(olmak) hemen size yardım...................(etmek).
5. İngilizce kitabınız...................(yok olmak). ben size bir tane.................(vermek).
6. Onlar tiyatroya gitmek.......................(istemek), ben onlar için bilet..........................(alabilmek).
7. O benim adresimi ....(bilmek), bana en kısa zamanda bir mektup....................(yazmak).
8. Yarın yağmur.....................(yağmamak), biz pikniğe ....(gitmek)
9. Param.................(olmak), yeni bir araba................. (almak).
10. Ev sahibi kirayı.....................(arttırmak), biz başka bir eve.....................(taşınmak).

Re-write the following statement in three forms. Future condition, present unreal, and past unreal.

Example: Adresinizi (öğrenmek) size mektup (yazmak)
Future: Adresinizi öğrenirsem, size mektup yazacağım.
Past unreal: Adresinizi öğrenseydim, size mektup yazardım.
Present Unreal: Adresinizi öğrenmiş olsaydım, size mektup yazardım (*or:* yazmış olacaktım)
1. Siz Türkçe (bilmek), her zaman (konuşmak).

   a. --

   b. --

   c. --

2. Randevu almak (istemek), şimdi telefon (etmek)

   a. ---

   b. ---

   c. ---

3. Öğretmeni (dinlemek), bütün sorulara (cevap vermek)

   a. ---

   b. ---

   c. ---

4. Çok para (kazanmak) dünya turu (yapmak)

   a. ---

   b. ---

   c. ---

5. Öğrenmek (istemek), çok (çalışmak)

   a. ---

   b. ---

   c. ---

6. Yarın hava (kötü olmak), uçak (kalkmak)

   a. ---

   b. ---

   c. ---

7. Amerika'ya (gitmek), İngilizce (öğrenmek)

   a. ---

   b. ---

   c. ---

8. Çok para (kazanmak), gelecek yıl (evlenmek).

   a. ---

   b. ---

   c. ---

9. Müdürden (izin almak), Ankara'ya (gitmek)

   a. ---

   b. ---

   c. ---

10. Teklifiniz (kabul edilmek), hemen işe (başlamak)

   a. ---

   b. ---

   c. ---

tiyatro	*theatre*
hep beraber	*altogether*
program	*programme*
oturmak	*to sit*
fakir	*poor*
perde	*curtain*
birbirlerine	*to each other*
birbirleri için	*for each other*
birbirleri ile	*with each other*
son perde	*last act*
bilet	*ticket*
izlemek, seyretmek	*to watch*
hemen	*right away*
zengin	*rich*
hakkında, konusunda	*about*
şarkı	*song*
dolu	*full*
açılmak	*to be opened*
karşılamak	*to meet*
çalışmak	*to work*
oyun, temsil	*play*
varmak	*to arrive*
hepsi	*all of them*
başlamak	*to begin*
koltuk	*armchair*
mutlu olmak	*to be happy*
şarkı söylemek	*to sing*
kaybetmek	*to lose*
memnun olmak	*to be glad*
yer	*place, seat*
sahne	*stage*
karşılaşmak	*to meet*
çalışmak	*to study*

Dialogue / Memorize

NEJAT ANKARA'YA GİDİYOR
"Nejat is Going to Ankara"

Güner   : Dün akşam Nejat telefon etti. Ankara'ya gidiyormuş.
Mehlika : Niçin?
Güner   : Sen işitmedin mi?
Mehlika : Neyi?
Güner   : Dün bir telgraf almış. Babası ağır hastaymış.
Mehlike : Şimdi anladım. Demin yolda gördüm. Acele acele gidiyordu.
Güner   : Bir şey söyledi mi?
Mehlika : Hayır, yalnız selam verdi. Ne zaman Ankara'ya hareket edi-
            yormuş?
Güner   : Derhal hareket edecekmiş.

işitmek(duymak)	to hear
ağır	heavy
acele	quick
acele acele	quickly
selam	greeting
hareket etmek	to start off, to move
istasyon	station
hasta	patient, ill
derhal	right away
demin	a little while ago
söylemek	to say
gördüğüm zaman	when I saw, when I see, when I'll see
ağır hasta	seriously ill
telgraf	telegram

DRILL on Vocabulary

—TELGRAF
Dün bir **telgraf** aldım.
Telgraf kimden geldi?
Telgraf ne zaman geldi?

—AĞIR
Ağır hasta
Babam **ağır** hasta.
Ağır işitiyorum.
Masa çok **ağır.**
Ağır bir masa.

—ACELE ACELE
Acele acele nereye gidiyorsun?
Babam **acele acele** gidiyordu
Acele acele eve geldi.

—DEMİN
O **demin** buradaydı.
Demin onu gördüm.
Öğretmen **demin** geldi.

—HAREKET ETMEK
Yarın trenle **hareket ediyorum**.
Uçak **hareket etti**.

—HAREKET ETMEK *"to act, to behave"*
İyi **hareket ettiniz**.
Böyle **hareket etmemelisin**.

—SELAM SÖYLEMEK
Babana **selam söyle**.
Ahmet size **selam söyledi**.

—DERHAL
Derhal gidiyorum.
Derhal çalışacağım.

Okuma / Reading

NEJAT'IN BABASI
"Nejat's Father"

Nejat'ın babası çok iyi ve kıymetli bir adammış. Ankara'da oturuyormuş. Dün Nejat bir telgraf almış. Telgrafta "Babam çok hasta, Acele gel" diyorlarmış. Tabii, Nejat çok üzülmüş. Derhal Ankara'ya hareket etmiş. İstasyonda Hasan'ı görmüş ama konuşmamış, yalnız selam vermiş, çünkü çok heyecanlıymış. Acele acele gidiyormuş.

Yeni Kelimeler / Vocabulary

kıymet	*value*
kıymetli	*valuable*
oturmak	*to live, to sit*
üzülmek	*to be sorry*
derhal	*right away*
selam	*greeting*
heyecanlı	*excited*
almak	*receive*

1. Nejat'ın babası nasıl bir adammış?
2. O nerede oturuyormuş?
3. Dün Nejat ne almış?
4. Telgrafta ne yazmışlar?
5. Nejat istasyonda kimi görmüş?
6. Hasan'la konuşmuş mu? Niçin?

DIALOGUE

- Nejat'ın babasını tanır mısın?
- Tanırım. Çok kıymetli bir adamdır. Ee, ne olmuş?
- Ağır hastaymış.
- Yazık. Çok üzüldüm. Tuhaf değil mi?
- Ben de bugün Nejat'ı düşünüyordum.
- O kadar üzülecek bir şey yok. Üzülme inşallah iyi olur.
- İnşallah. Bari bu akşam telefonla hatırını soralım.
- Çok iyi olur. Saat 8'de telefon ederiz.

Yeni Kelimeler / Vocabulary

kıymet	*value*
kıymetli	*valuable*
adamdır	*is a man*
üzmek	*to make someone unhappy*
	to upset someone
düşünmek	*to think of*
kıymetli	*vaulable*
ee..	*well..., so....*
üzülmek	*to be sorry, to be upset*
inşallah	*I hope so*
sormak	*to ask*
adam	*man*
yazık	*what a pity!*
tuhaf	*strange*
bari	*at least*
hatır	*sake*
senin hatırın için	*for your sake*

1. Nejat'ın babasını tanıyor musunuz?
2. Nasıl bir adammış?
3. Nejat'ın babasına ne olmuş?
4. Hasan'la Bülent telefonda kimin hatırını soracaklar?
5. Saat kaçta telefon edecekler?

DRILL on Vocabulary
TUHAF *"Strange"*

Çok **tuhaf** bir adam.	*A very strange man.*
Tuhaf şey.	*What a weird thing!*
Biraz **tuhaf** konuşuyor	*He talks a littel strangely.*
Tuhaf bir şey oldu.	*A funny thing happened*

KIYMETLİ *"Valuable, worthy"*

O **kıymetli** bir arkadaştır.	*He is a valuable friend.*
Bu saat çok **kıymetli**.	*This watch is very valuable.*

TANIMAK *"To know, to be acquainted with"*

Nejat'ın babasını **tanırsın**.	(sen)
Ahmet'i **tanırım**.	(ben)
Ahmet'i **tanır**.	(o)
Hasan'ın şoförünü **tanırız**.	(biz)
Onları **tanırsınız**.	(siz)
Ahmet onları **tanır**.	(Ahmet)

BİLMEK *"To know"*

Türkçe	**biliyormuş.**
İngilizce	**bilmezmiş.**
Fransızca	**biliyorlar.**
Almanca	**bilir.**
İspanyolca	**bilmiyorum.**

ÜZÜLMEK = MERAK ETMEK *"To worry"*

Hastaymış; çok **üzüldüm.**

   OR

Hastaymış; çok **merak ettim.**

   OR

Babam rahatsız; çok **merak ediyoruz.**

ÜZMEK *"To make someone worry, to upset someone"*

Babanı o kadar üzme.

Sen üzülüyorsun; beni de üzüyorsun.

BARİ *"at least, might as well"*

O çok pahalı; bari bunu alalım.

HATIR SORMAK *"To ask after (someone)"*

Hatırını	sordu.
Hatırınızı	sordular.
Hatırlarınızı	sorar.
Hatırımızı	soracaklar.
Hatırımızı	sormuş.
Hatırımızı	soruyor.
Hatırımı	sormaz.

(GRAMMAR)

Reported Past

BASE + **(-miş)**

Çok iyi tercüme et**miş.**	*He translated/has translated it very well.*
O kitabı oku**muş**lar.	*They read/have read that book.*
Bunu size söyle**miş**ler.	*They told/have told you this.*

Reported Future
BASE + **(-y)acak) + (-miş)**

- Bu akşam gelecek**miş**.

It seems that he is going to come this evening.

- Size telefon edecek**miş**.

It seems thata he is going to call you.

- Bana yardım edeckeler**miş**.

It seems that he is going to to help me.

Reported Future- Negative Form
BASE + **(-ma) + (-(y)acak) + (-miş)**

- Bu akşam gelmeyecek**miş**.

It seems that he is not coming this evening.

- Zaten gitmeyecekler**miş**.

It seems that they are not going anyway.

- Yarın İngilizce konuşmayacak**mış**.

eems that she is not going to speak English tomorrow.

Okuma / Reading

AMERİKALI ÖĞRETMENLER

"American Teachers"

Amerikalı öğretmenler Türkiye'ye gelmişler. Onlar Türkiye'de Türkçe öğreneceklermiş. Aynı zamanda, Türkiye'deki Amerikan okullarında çeşitli dersler öğreteceklermiş. Biraz Türkçe öğrendikten sonra bir kısmı İzmir'e, bir kısmı Gaziantep'e gidecek ve bir kısmı da İstanbul'da kalacakmış.

Şimdi hepsi İstanbul'daymışlar ve Türkçe kursuna gidiyorlarmış. Kurs tam bir ay sürecekmiş. Onlar Türkiye'de üç yıl kalacaklarmış.

Amerikalı	*American*
öğrenmek	*to learn*
öğretmek	*to teach*
çeşitli	*various*
bir kısmı	*some of them*
hepsi	*all of them*
hepimiz	*all of us*
hepiniz	*all of you*
bazı	*some*
bazısı	*some of...*
bazıları	*some of them*

Sorular / Questions

1. Türkiye'ye kimler gelmiş?
2. Onlar niçin gelmişler?
3. Onlar nerelere gideceklermiş?
4. Şimdi ne yapıyorlarmış?
5. Türkiye'de kaç yıl kalacaklarmış?

GRAMMAR Habitual (Used To)

BASE + (-a,ı)r) + (-(y)mış)
İyi İngilizce konuşur**muş**.

It seems that he used to speak English well.

Eskiden iyi İngilizce
Konuşur**muş**.

It seems that he spoke English well formerly.

Çok kitap okur**muş**

It seems that he used to read a lot of books.

— HERHALDE *"Probably"*

HERHALDE + *BASE* + (dir)

Herhalde iyi**dir.**
Herhalde pahalı**dır.**
Herhalde memnun**dur.**

HERHALDE + *BASE* + (-miş) + (-dir)

Herhalde git**miştir.**
Herhalde işit**miştir.**
Herhalde duy**muştur.**

— BELKİ *"Perhaps"*

BELKİ + *BASE* + (-dır)

Belki otel ucuz**dur.**
Belki orada**dır.**

— ACABA *"(I) Wonder"*

Acaba evde mi(dir)?
Acaba Ahmet nerede(dir)?
Acaba bu otel pahalı mı(dır)?

—İNŞALLAH *"(I) Hope"*

İnşallah param vardır.

İnşallah hasta değildir.
İnşallah memnundur.
İnşallah rahattırlar.

İnşallah Türkçe biliyordur.

I hope I have (some) money.
I hope he is not sick.
I hope she is pleased.
I hope they are comfortable.
I hope he knows Turkish.

DIALOGUE
MESAJ   *"A Message"*

Baba   : Ben sabahleyin evden çıkarken masanın üstüne bir mesaj bırakmıştım. Gördün mü?

Anne   : Hayır görmedim. Ne yazmıştın?

Baba   : Kızımızla ilgiliydi. Çıkmadan önce ona söylemek istemiştim ama, uyuyordu.

Anne   : Ne yazmıştın, söyler misin lütfen?

Baba   : Ben gelinceye kadar evde oturmasını istemiştim.

Anne   : İyi ama, ben uyandığım zaman o okula gitmişti. Onun için görüşemedik.

Baba   : Neyse, zarar yok. Ben biraz sonra geleceğim zaten. Şimdilik hoşçakal.

Anne   : Güle güle. Gecikme.

Yeni Kelimeler / Vocabulary

mesaj	*message*
sabahleyin	*in the morning*
ile ilgili	*is related to*
iyi ama	*O.K. but...*
zarar yok	*Don't worry, never mind*
zaten	*anyway*
gecikme	*don't be late*

Sorular / Questions

1. Baba evden çıkarken ne bırakmıştı?
2. Mesajı nereye bırakmıştı?
3. Mesaj kiminle ilgiliydi?
4. Eşi, mesajı görmüş müydü?
5. Mesaja ne yazmıştı?
6. Baba, kızından ne yapmasını istemişti?
7. Anne uyandığı zaman ne olmuştu?
8. Anne, kızıyla niçin görüşememişti?

The Past Perfect Tense

The Past Perfect Tense is used to express an action which took place before another action in the past. Therefore, it is used with another action or a verb form in the sentence.

This tense is one of the compound tenses which is formed by adding (-miş) plus the past tense sign (-t) plus the appropriate personal suffix.

Affirmative Form

BASE +	(-miş) +	Past tense sign(-) +	Personal suffix
Git	miş	t	im
Git	miş	t	in
Git	miş	t	i
Git	miş	t	ik
Git	miş	t	iniz
Git	miş	t	iler

Or Git miş ler di.

Negative Form

In order to form the negative of the Past Perfect Tense, a negative suffix (-me or -ma) *is placed between the base and the* (-miş).

BASE +	Negative suffix +	(-miş)	+ (-t)	Personal + suffix
Git	me	miş	t	im
Git	me	miş	t	in
Git	me	miş	t	i
Git	me	miş	t	ik
Git	me	miş	t	iniz
Git	me	miş	t	iler

OR: Git me miş ler di.

Interrogative Form

In this form the interrogative comes before the Past Tense sign (d) A buffer (**y**) will always be inserted between the interrogative suffix and the Past Tense sign.

BASE +	**miş +**	Interrog suffix +	Buffer +	Past tense Sign(-d)	Personal suffix
Git	miş	mi	y	d	im?
Git	miş	mi	y	d	in?
Git	miş	mi	y	d	i?
Git	miş	mi	y	d	ik?
Git	miş	mi	y	d	iniz?
Git	miş	mi	y	d	iler?

OR: Git miş ler miy di?

Negative Form

In order to form the negative of the Past Perfect Tense, a negative suffix, (**me** or **-ma**), is placed between the base and the (**-miş**)

BASE +	Negative suffix +	(-miş) +	(-t)	Personal + suffix
Git	me	miş	t	im
Git	me	miş	t	in
Git	me	miş	t	i
Git	me	miş	t	ik
Git	me	miş	t	iniz
Git	me	miş	t	iler

OR: Git me miş ler di.

Interrogative Form

In this form, the interrogative comes before the Past Tense sign (**-d**). A buffer (**y**) will always be inserted between the interrogative suffix and the Past Tense sign.

BASE +	miş	Interrog. suffix	Past tense Buffer	Personal + Sign (-d)	suffix
Git	**miş**	mi	y	d	im?
Git	**miş**	mi	y	d	in?
Git	**miş**	mi	y	d	i?
Git	**miş**	mi	y	d	ik?
Git	**miş**	mi	y	d	iniz?
Git	**miş**	mi	y	d	iler?

OR: Git miş ler miy di?

Negative Interrogative Form

To form the Negative Interrogative of the Past Perfect Tense, the Interrogative form is maintained with the sole addition of a negative suffix (**-me** or **-ma**) between the base and the (**-miş**).

BASE +	Neg. suffix	+ (-miş)	Interrog + suffix	Past tense + Buffer	Pers. + sign	suffix
Git	me	**miş**	mi	y	d	im?
Git	me	**miş**	mi	y	d	in?
Git	me	**miş**	mi	y	d	i?
Git	me	**miş**	mi	y	d	ik?
Git	me	**miş**	mi	y	d	iniz?
Git	me	**miş**	mi	y	d	iler?

OR: Git me miş ler miy di?

Note: The Past Perfect Tense is usually accompanied by another action or time adverbial.

DRILL on the Past Perfect Tense

— Okula geldiğim zaman, müdür bey gitmişti.
When I came to school, the director had gone.
— Bu kitabı yazmadan önce sizin fikrinizi sormuştum.
I had asked your opinion before I wrote this book.
— Amerika'dan döner dönmez, sizi ofisinizden aramıştım.
As soon as I returned from America, I had looked you up in your office.
— Arkadaşım beni ziyarete geldiği zaman, yemeğimi yemiştim.
When my friend came to visit me, I had had my dinner.

Change the following statements into English:

Ben geldiğim zaman, siz uyumuştunuz.
Telefon çaldığı zaman, eşim evden çıkmıştı.
Sinemaya gitmeden önce, size söylemiştim.
Yemek yemeden önce, yarım saat dinlenmiştim.
Siz söylemeden önce, ben gazete okumuştum.
Yazmadan önce, iyice okumuştum.
Hasta olmadan önce, doktora gitmiş miydiniz?
Mektubu göndermeden önce, okumamıştım.

Change the following sentences into the Past Perfect Tense:

Bu sabah gazete okumadım.
Geçen gün babamla birlikte sinemaya gittik ve güzel bir film seyrettik.
Ben bu kitabı uzun süre önce okudum.
Çocuklar okula çok erken gelmediler.
Onlar bir saat önce yemek yediler.
Biz belki sinemaya gideceğiz.
Siz piyano çaldınız mı?
Çocuklar İngilizce konuşuyorlardı.

Complete the following phrases with your own words:

Yemekten önce..........
Ben Amerika'dan döner dönmez..........
O bunu bana daha önce............
Piyano çalmadan önce sizden izin..........
Yılbaşında onu............
Kahvaltıdan önce bir bardak çay..........
Evden çıkmadan önce şemsiyemi..........
Bu işi yapmadan önce sizin fikrinizi..........

zorluk çekmek	*to have difficulty*
vicdan	*conscience*
utangaç	*shy, timid*
teklif	*offer*
tenkit etmek	*to criticize*
genel	*general*
önermek	*to advise*
tasarlamak	*to plan*
tarihi	*historical*
şeytan	*devil*
şahıs	*person*
engellemek	*to prevent*
niyet etmek	*to intend*
sonuç	*result*
sebze	*vegetable*
ahır	*stable*
anırmak	*to bray*
anlaşma	*agreement*
geçimsiz	*bad-tempered*
eskimiş	*worn-out*
dünya	*world*
doğmak	*to be born*
dışişleri	*foreign affairs*
dert	*trouble*
asmak	*to hang*
askı	*clothes hanger*

AİLE FERTLERİ
"The Members of the Family"

Sedat	:	Ailenizde kaç kişi var?
Nuri	:	Tam sekiz kişi.
Sedat	:	Kim onlar?
Nuri	:	Annem, babam, anneannem, üç kız kardeşim, bir erkek kardeşim ve ben.
Sedat	:	Senin büyükbaban yok muydu?
Nuri	:	Vardı, ama altı ay önce öldü.
Sedat	:	Allah rahmet eylesin. Kaç yaşındaydı?
Nuri	:	Yaşlıydı. Bir gün hasta oldu. Doktorlar anlayamadılar. Kurtaramadılar büyükbabamı.
Sedat	:	Başın sağ olsun. Çok üzüldüm.

aile	*family*
onlar kim?	*who are they?*
annem	*my mother*
babam	*my father*
kız kardeşim	*my sister*
erkek kardeşim	*my brother*
büyükannem	*my grandmother*
büyükbabam	*my grangfather*
Senin yok muydu?	*Haven't you had?*
Kaç yaşındaydı?	*How old was he?*
yaşlı	*old*
kurtarmak	*to save*
hasta olmak	*to get sick*
Allah rahmet eylesin	*May he rest in peace*
Başınız sağ olsun	*My sincere condolonces*
çok üzüldüm	*I am very sorry*

Sorular / Questions

1. Sedat, Nuri'ye ne sordu?
2. Nuri'nin ailesinde kaç kişi var?
3. Sedat'ın büyükbabası var mı?
4. Altı ay önce ne oldu?
5. Doktorlar onu niçin kurtaramadılar?
6. Sedat çok üzüldü mü?
7. Sizin ailenizde kimler var?
8. Büyükbabanız var mı? Nerede oturuyor?
9. Siz ailenizle beraber mi oturuyorsunuz?

Benim ailem çok kalbalık. Tam on kişi. İki kız kardeşim var. Annem ve babam da bizimle oturuyorlar. Böylece hepimiz on kişi oluyoruz. Bazen eşimin annesi ve babası yani kayınvalidem ve kayınpederim de geliyor ve bir süre bizde kalıyorlar. Onlar geldiği zaman annem ve babam gelinlerine gidiyorlar.

Geçen hafta görümceme gittik. Bir Pazar günüydü. O sabah görümcemin iki torunu da oraya gelmişler. Hep beraber iki saat kadar oturduk ve biz kalktık. Dönüşte amcamlara ve dayımlara uğradık.

Amcamın eşi, yani yengem, evde yoktu. Sinemaya gitmiş. Ama dayımın eşi, yani öbür yengem, evdeydi. Bizim akrabalarımızın hemen hemen hepsi İstanbul'da oturuyorlar...

Yeni Kelimeler / Vocabulary

kalabalık	crowded
ayrıca	besides
böylece	so
hepimiz	all of us
kayınvalide, kaynana	mother-in-law
kayınbirader	brother-in-law
kayınpeder	father-in-law
gelin	bride, daughter-in-law
görümce	sister-in-law (of the bridge)
baldız	sister-in-law (of the groom)
torun	grandson, granddaughter
dönüşte	on the way back home
amca	uncle (father's brother)
teyze	aunt (mother's sister)
hala	aunt (father's sister)
dayı	uncle (mother's brother)
yenge	aunt (uncle's or brother's wife)
öbür	other
damat	groom, son-in-law
akraba	relative
hemen hemen	almost
hepsi	all of them

1. Aileniz çok kalabalık mı? Kaç kişi?
2. Anneniz ve babanız sizinle mi oturuyor?
3. Kayınvalide ve kayınpederiniz var mı? Onlar kaç yaşında ve nerede oturuyorlar?
4. Görümceniz veya baldızınız var mı? Evli mi? Nerede oturuyorlar?
5. Bazen amcanıza ve dayınıza ziyaret için gidiyor musunuz?
6. Akrabalarınız genellikle nerede oturuyorlar? En çok hangisini seviyorsunuz?
7. Ailenizi anlatır mısınız?

DRILL on Vocabulary

YAŞ "age"
Babam annemden üç **yaş** büyüktür.
My father is three years older than my mother.
Ablam benden iki **yaş** büyüktür.
My elder sister is two years older than I am.
Kaç **yaşındasınız?** Yaşınız kaç?
How old are you?
O benimle aynı **yaşta.**
He is the same age as I am

YAŞ (ISLAK) "wet"
Ellerim **yaş.**
My hands are wet
Adamın gözlerinden **yaşlar** aktı.

Tears fell down from the man's eyes.

Babam göz**yaşı** sevmez.

My father doesn't like tears.

YAŞLI "old"
Dedeniz çok **yaşlı** mı?
Yaşlı adam dedeniz mi?

Is your grandfather very old?
Is the old man your grandfather?

YAŞLI "with tears"
Kadın **yaşlı** gözlerle
adama baktı.
    (or)
Kadın gözlerinde **yaşlarla**
adama baktı.

The woman looked at the man with tears in her eyes.

YAŞIT (AYNI YAŞTA) "the same age"

Ahmet'le Leyla **yaşıttılar.**

   (or)

Ahmet'le Leyla aynı **yaştadırlar.**

Ahmet and Leyla are
the same age.

EKSİK (NOKSAN) "lacking, absent, incomplete, missing"

Bu hikayede bir **eksiklik** var.

   (or)

Bu hikayede birşek **eksik.**

Bu hikaye **eksik.**

Something is lacking
in this story.
This story is
incomplete.

Üç metre kumaş aldım.
Eksik geldi.

   (or)

Kumaş **eksik** geldi.

The material is less than
the required length.

Bu cümlede ne **eksiklik** var?

What is missing in this
sentence?

Toplantıda kim **eksikti?**

Who was absent in the
meeting?

Hiç kimse **eksik** değildi.

No one was absent.

DOST "Friend, companion"

O benim **dostumdur.**

He is my friend.

Ahmet, Hüseyin'in **dostudur.**

Ahmet is Hüseyin's friend.

Türkiye ile Amerika **dosttur.**

Turkey and America are friends.

MAŞALLAH "How wonderful!"

Maşallah, güzel bir kadın!

What a beautiful
woman!

Maşallah, çok iyi bir adam!

What a good man!

Maşallah, maharetli bir doktor!

What a skillful doctor!

Maşallah, çok cazip bir kız!

What an attractive girl!

EPEYDİR "for a long time"

Epeydir onu görmedim.

I haven't seen him for a long time.

Epeydir hasta.

He's been sick for a long time.

EPEY *"A lot, quite, pretty"*

Bahçeniz **epey** güzel.	*Your garden is quite pretty.*
Epey portakal aldım.	*I bought a lot of oranges.*
İstasyon **epey** uzak.	*The station is pretty far.*

OTURMAK *"To reside, to live"*

Nerede **oturuyorsunuz?**	*Where do you live?*
Onlar bu sokakta **oturuyorlar.**	*They live on this street.*

DIALOGUE
TELEFON KONUŞMASI
"A Telephone Conversation"

Nazan	:	Alo! Ben Nazan. Müdür Bey'le görüşebilir miyim?
Meral	:	Hangi numarayı aradınız?
Nazan	:	662 09 74
Meral	:	Yanlış efendim. Burası ev.
Nazan	:	Alo! Müdür Bey'le görüşebilir miyim?
Sekreter	:	Kendisi şu anda yok. Dışarı çıktı. Bir saat sonra geleceğini söyledi.
Nazan	:	Bu saatte orada olacağını söylemişti.
Sekreter	:	Mesaj alabilir miyim?

Nazan	:	Tabii. Lütfen. Ben öğrencisi Ahmet'in annesiyim. Bana, "An-
		neciğim,bugün okula gidemeyeceğim. Öğretmenimden ödev-
		lerimi ister misiniz?" diye sordu. Ben de öğretmeninden ödev-
		lerini verip vermeyeceğini öğrenmek istiyorum.
Sekreter	:	Öğretmeniyle görüşüp size haber vereyim. Müdür Bey, "Bir
		saat sonra dönerim" demişti. Ama ne zaman döneceğini ve
		nereye gittiğini bilmiyorum.
Nazan	:	Çok teşekkür ederim. Ben tekrar ararım.

Yeni Kelimeler / Vocabulary

İle görüşebilir miyim	*"May I talk to..."*
Hangi numara?	*"Which number"*
Yanlış numara	*"Wrong number"*
Burası ev	*"here's a house"*
Kendisi	*himself*
Dışarı çıktı	*"he went out"*
mesaj	*message*

Sorular / Questions

1. Bu telefon konuşmasında, kim kiminle konuşuyor?

2. Nazan Hanım kim? Kiminle konuşmak istiyor? Konuşabildi mi? Niçin?

3. Müdür Bey okulda mı? Ne zaman geleceğini söylemiş?

4. Sekreter, Nazan Hanım'dan ne almak istiyor?

5. Ahmet annesine ne sordu?

6. Ahmet öğretmeninden ne istiyor?

7. Sekreter kiminle görüşüp, kime haber verecek?

8. Sekreter, Müdür Bey'in ne zaman döneceğini ve nereye gittiğini biliyor mu?

GRAMMAR

Direct Speech

In direct speech, the verb **"demek"** is used and the words of the speaker are quoted. The verb **"demek"** normally comes right after the quoted words. The verb **"demek"** can appear in different tense forms.

Examples

Ahmet bana "Dün akşam televizyonda çok güzel bir program vardı" **dedi.** *(Simple Past)*

Öğretmenim bana her zaman, "çok çalışkan bir öğrencisin" **der.** *(Simple Present)*

Siz bana, "Bu kesinlikle olamaz, " **diyordunuz.** *(Past Continuous)*

Ben size, "İngilizce biliyorum," **demiştim.** *(Past Perfect)*

Öğretmenimiz bize, "Başarılı olmanız için çok çalışmanız gerekli," **diyor.** *(Present Continuous)*

Geç kalırsam bana, "Niçin geç kaldığınızı anlamadık" **diyecekler.** *(Simple Future)*

The verb "demek" *may sometimes precede the quoted words:*

Müdür, törenden sonra şöyle **dedi:** "Siz öğrenciler, giyiminize dikkat etmelisiniz."

Başbakan, basın toplantısında aynen şöyle **dedi:** "Problemlerimizi en kısa zamanda çözümlemeliyiz."

Polis şefi **dedi** ki, "Son günlerde hırsızlık çok arttı."

In some cases, the adverbial form of the verb "demek", "diye" *(saying) precedes these verbs:*

"Ne yapıyorsunuz?" **diye** sordu.

"Size cevap vermeyeceğim," **diye** cevap verdi.

Öğretmen, çocuğu, "Lütfen ayağa kalkınız" **diye** uyardı.

Hizmetçiye, "Çocuklara iyi bak," **diye** tembih etti.

Öğretmen, "Ödevlerinizi unutmayın," **diye** ilave etti.

"Mektuplarımı açmayın" **diye** size kaç defa rica ettim.

"Çocuklar nerede kaldı?" **diye** merak ediyorum.

Indirect Speech

In indirect speech, the verb **"söylemek"** *is used instead of* **"demek"***. The suffixes* **"dik"** *and (or) the future participles in the possessive relationship, are generally used in the noun clause. Then, the objective endings are attached to the possessive endings.*

The "dik" or future participle	Personal/ Possesive suffix		Objective suffix	The Verb "söylemek"
Benim gidece(k)ğ	+ im	+	i	söyledi.
Senin gideceğ	+ in	+	i	söylediler.
onun gideceğ	+ in	+	i	söyledim.
Bizim gideceğ	+ imiz	+	i	söyledik.
Sizin gideceğ	+ iniz	+	i	söyledim.
Onların gideceğ	+ in	+	i	söyledi.

Examples

John, "Ev ödevimi yazıyorum," dedi.
John said, "I am writting my homework."
John ev ödevini yazdığını söyledi.
John said that he was writing his homework.
Ahmet, "Geceleyin daima çok çalışırım" dedi.
Ahmet said, "I always study hard at night."
Ahmet her gece çok çalıştığını söyledi.
Ahmet said that he studied hard every night.
Ayşe, "Biz bugün öğle yemeği için buluşacağız" dedi.
Ayşe said, "We shall meet for lunch today"
Ayşe bugün öğle yemeği için buluşacaklarını söyledi.
Ayşe said that they would meet for lunch today.
Hüseyin bana, "Sizi daha sonra göreceğim" dedi.
Hüseyin said to me, "I shall see you later"
Hüseyin bana, beni daha sonra göreceğini söyledi.
Hüseyin told me that he would see me later.
Mehmet arkadaşına, "İngilizce konuşuyor musun?" diye sordu.
Mehmet asked his friend, "Do you speak English?"
Mehmet arkadaşına, İngilizce konuşup konuşmadığını sordu.
Mehmet asked his friend, if he spoke English.
O, "Öğrenciler okulda mı?" diye sordu.
He asked if the students were at school
O, "Ne yapıyorsun?" diye sordu.
"What are you doing?" she asked.
O, benim ne yaptığımı sordu.
She asked what I was doing.

Biz, "Öğle yemeğinde ne yiyeceğiz?" diye sorduk.
"What are we going to have for lunch?" we asked.
Öğle yemeğinde ne yiyeceğimizi sorduk.
We asked what we were going to have for lunch.

DRILL on Direct/Indirect Speech

Change the following sentences from Direct to Indirect Speech:

1. İlknur, "Nerede çalışıyorsunuz?" diye sordu.
2. O, "Ben çok iyi İngilizce konuşurum," dedi.
3. Onlar bana "Nerede kaldın?" diye sordular.
4. Öğretmen, çocuğa, "Sen öğrenci misin?" diye sordu.
5. Arkadaşım, "Onlar nerede?" diye sordu.
6. Kızım bana, "Şimdi mektup yazıyorum," dedi.
7. O ona, "Dün nereye gittiniz?" diye sordu.
8. Hasan, "Yağmur yağıyor mu?" diye sordu.
9. O bana, "Seni çok seviyorum," dedi.
10. Basri, "Saat kaç?" diye sordu.
11. Size, "Hava bugün nasıl?" diye sordum.
12. Bana, "Niçin bana cevap vermiyorsun?" diye sordu.
13. Size, "İstanbul'u nasıl buldunuz?" diye sordum.
14. Adama, "Bu yol nereye gider?" diye soracağım.
15. Bana, "Bu sabah gazete okudun mu?" diye sordu.

Ek Sözlük / Supplementary Vocabulary

imdat	*help*
ziyaretçi	*visitor*
ilaç	*medicine*
sözünü kesmek	*to interrupt*
hatırımdayken	*while (its) in my mind*
Ulusal Marş	*National anthem*
itiraz etmek	*to object*
balığa gitmek	*to go fishing*

sofrayı kurmak	*to set the table*
kanun, yasa	*law*
sahne	*stage*
düzeltmek	*to arrange*
ana dili	*mother tongue*
gibi	*like*
Latince	*Latin*
Hamam	*Turkish bath*
subay	*officer*
şiir	*poem*
rastlamak	*to come across*
hemşire	*nurse*
susmak	*to keep quiet*
inanmak	*to believe*
kabul etmek	*to accept*
ilerlemek	*to go forth, to improve*

HAVAALANINDA *"At the Airport"*

Gümrük polisi	:	Yolcular lütfen gümrüğe.
Yolcu	:	Polis bey, gümrük muayenesi nerede yapılıyor?
Gümrük polisi	:	Hemen şurada. Pasaportunuz kontrol edildi mi? Ayrıca bu formun da doldurulması lazım. Hepsini hazırladıktan sonra, şu büroya gidin.
Yolcu	:	İyi ama şimdiye kadar hiç form doldurmadım. Yardım eder misiniz?
Gümrük Polisi	:	Ben size göstereyim.

Yeni Kelimeler / Vocabulary

yolcu	*passenger*
gümrük	*customs*
muayene	*inspection*
hemen şurada	*right over there*
pasaport	*passport*
kontrol etmek	*to control*
ayrıca	*besides*
doldurmak	*to fill up*
hazırlamak	*to get ready, to prepare*
şimdiye kadar	*so far, up to now*
göstermek	to show

Sorular / Questions

1. Yolcular geldiler mi?
2. Polis, yolculara ne dedi?
3. Bir yolcu polise ne sordu?
4. Yolcunun pasaportu kontrol edildi mi?
5. Yolcunun form doldurması lazım mı?
6. Yolcu herşeyi hazırladıktan sonra ne yapacak?
7. Yolcu form doldurmasını biliyor mu?
8. Formu doldurmak için ona kim yardım edecek?

Okuma / Reading

===== SİNEMA *"The Cinema"* =====

İlk sinema filmi 1830'larda Avrupa'da yapıldı. Bunlar çok basit filmlerdi. Resimler bir tekerlek üzerine konuluyordu ve sonra tekerlek döndürülüyordu. Resimler hareket ediyor gibi görünüyordu. Kırk yıl sonra Amerika'da bir adam yirmi dört makina ile bir at yarışının resimlerini çekti. Resimler birbiri arkasından çekildi. Bu resimler arka arkaya gsöterildiği zaman atlar koşuyormuş gibi görünüyordu.

Thomas Edison, 1893 yılında bir sinema filmi makinası yaptı. Filmler yaklaşık on beş metre uzunluğundaydı ve gösteriler çok kısaydı. Her seferinde yalnız bir kişi film seyredebiliyordu.

İlk hikaye anlatan film 1903 yılında yapıldı. Bu filmin adı "Büyük Tren Soygunu"ydu. Bir süre sonra sinemalar popüler oldu.

Çok geçmeden büyük bir sinema endüstrisi kuruldu. Bu endüstri New York'ta başladı. Fakat kısa bir süre sonra Hollywood sinema merkezi oldu.

İlk filmler, Amerika Birleşik Devletleri'nde yapıldı. Sonra Avrupa'da da birçok filmler yapıldı. Şimdi bütün ülkelerde çeşitli filmler yapılıyor. Ve her ülkede bir sinema endüstrisi var.

Televizyon çıktıktan sonra televizyon filmleri yapıldı. Evde oturmak ve televizyonda film seyretmek çok rahat olduğu için herkes televizyon filmlerini seyretmeye başladı. Bu durum sinemalar için iyi olmadı.

Yeni Kelimeler / Vocabulary

ilk	the first
sinema filmi	motion picture
yapıldı	was made
basit	simple
tekerlek	wheel
döndürmek	to turn
makina	camera
at yarışı	horse race
birbiri arkasından	one after another
çekilmek	to be taken
her seferinde	each time
Büyük Tren Soygunu	The Great Train Robbery
çok geçmeden	soon
merkez	centre
sessiz	silent
yıllarca	for years
metre	metre
yaklaşık	nearly

1. İlk sinema filmi ne zaman ve nerede yapıldı?
2. İlk filmler nasıldı?
3. Resimler nereye konuluyordu?
4. Kırk yıl sonra ne oldu?
5. Resimler nasıl çekildi?
6. İlk sinema filmi makinasını kim ve ne zaman yaptı?
7. İlk filmler kaç metre uzunluğundaydı?
8. İlk filmleri kaç kişi seyredebiliyordu?
9. İlk hikaye anlatan film ne zaman yapıldı? Bu filmin adı neydi?
10. İlk sinema endüstrisi nerede kuruldu?
11. Şimdi Amerika'nın sinema endüstrisi merkezi neresi?
12. İlk filmler nasıldı?
13. 1926 ve 1928 yıllarında ne yapıldı?
14. Şimdi hangi ülkelerde sinema endüstrisi var?
15. Televizyon çıktıktan sonra ne yapıldı?
16. Şimdi hemen hemen herkes hangi filmleri seyrediyor? Niçin?

Okuma / Reading

TÜRK HAVA YOLLARI
"Turkish Airlines"

1957 yılında hükümet tarafından Amerika'ya gönderildim. Petrol kursu içni gönderilmiştim. Türkiye'den Avrupa'ya kadar Türk Hava Yolları ile gitmem gerekiyordu, çünkü bilet, hükümet tarafından verilmişti.

Rezervasyon yaptırmak için Türk Hava Yolları'nın Taksim'deki bürosuna gittim. Sanırım, Cuma sabahı için rezervasyon yaptıracaktım, ama çok kalabalıktı. On beş dakika kadar bekledikten sonra beni çağırdılar. Rezervasyon memuru genç bir hanımdı. Beni dikkatle dinledikten sonra, "Cuma günü için ne yazık ki yer yok," dedi. "Öyleyse Cumartesi olsun," dedim. Pencere yanında bir yere istedim çünkü, uçaktan şehirler çok güzel görülür. On iki saat sonra New York'a vardık. Orada beni bir Amerikalı yüzbaşı karşıladı. Sonra bana bir araba verildi ve Virginia'ya gönderildim.

Yeni Kelimeler / Vocabulary

hükümet	*government*
tarafından	*by*
kurs	*course/training*
o günlerde	*in those days*
rezervasyon	*reservation*

Sorular / Questions

1. Ben nereye gönderildim?
2. Ne zaman gönderildim?
3. Ne için gönderildim?
4. Türk Hava Yolları'yla nereye kadar gitmem gerekiyordu? Niçin?
5. Taksim'de nereye ve niçin gittim?
6. Büroda niçin bekledim?
7. Rezervasyon memuru kimdi?
8. Cuma günü için yer var mıydı?
9. Ne zaman için bilet aldım?
10. Niçin pencere yanında yer istedim?
11. New York'a kaç saat sürdü?
12. Beni kim karşıladı ve nereye gönderildim?

=== SEÇİMLER   *"Elections"* ===

Mustafa : İşte, Hüseyin geliyor. Sabahtan beri onu bekliyordum. Şimdi onu size tanıştırırım.

Ahmet : Biz tanışıyoruz. Geçen gün bir arkadaşımın evinde karşılaşmıştık. Beğendim. Çok iy ibir arkadaş.

Hüseyin : Oo! Merhaba çocuklar. Ne güzel bir rastlantı! İkiniz de buradasınız. Umarım sizleri rahatsız etmiyorum.

Mustafa : Rica ederim. Çok memnun olduk. Biz de zaten seni bekliyorduk.

Ahmet : Yanılmıyorsam, Hüseyin Bey avukattır. Acaba bize Anayasa'da yapılan değişiklikleri anlatabilir mi? Çok memnun oluruz.

Hüseyin : Memnuniyetle. biliyorsunuz Türkiye Cumhuriyeti 29 ekim 1923'te ilan edilmişti. İlk Anayasa o zaman yazılmıştı. 1960'ta, Ordu idareyi ele aldı ve yeni bir Anayasa hazırladı. Bu Anayasa 14 temmuz 1961'de halkoyuna sunuldu. 1980 Ey-

lülü'nde ordu tekrar yönetimi ele aldı ve yeni bir anayasa ha-
zırladı. 1982 yılında halkoyuna sunuldu.

Ahmet   : Halkoyuna sunmak ne demek?

Hüseyin : Referandum demek istiyorum. Referandumla halk, yeni Ana-
yasa'yı kabul etti ve böylece 1961'de ve 1983'te seçimler ya-
pıldı, ama 1961'de hiç bir parti çoğunluğu kazanamadı ve bir
koalisyon hükümeti kuruldu, 1983'te Özal hükümeti seçildi.

Ahmet   : Bu hükümet ne kadar sürdü?

Hüseyin : 1988'e kadar.

Ahmet   : Cumhurbaşkanını kim seçer?

Hüseyin : Cumhurbaşkanını Türkiye Büyük Millet Meclisi seçer. Cum-
hurbaşkanı olmak için, Meclis'e üye olmak gerekmez.

Ahmet   : Cumhurbaşkanı kaç yıl için seçilir?

Hüseyin : Yedi yıl için seçilir.

Ahmet   : Bir Cumhurbaşkanı kaç dönem için seçilir?

Hüseyin : Yaşı uygun ise iki veya üç dönem için seçilebilir. Ama iki
dönem arka arkaya seçilemez.

Ahmet   : Eski Anayasa'da Senato var mıydı?

Hüseyin : Yoktu. 1961 Anayasası kabul edildi. Ancak 1983 ana-
yasasında kaldırıldı.

Ahmet   : T.B.M.M'nde kaç milletvekili var?

Hüseyin : 550 milletvekili var.

Ahmet   : Başbakanı kim seçer?

Hüseyin : Başbakanı, Cumhurbaşkanı seçer. Başbakan kabineyi kurar.

Ahmet   : Oy kullanmak için yaş sınırı var mı?

Hüseyin : Evet, 18 yaşından sonra herkes oy kullanabilir.

Ahmet   : Beni aydınlattınız. Çok teşekkür ederim.

Hüseyin : Rica ederim.

Yeni Kelimeler / Vocabulary

işte!	*Here(he is)*
sabahtan beri	*since morning*
Ne güzel bir rastlantı!	*What a nice coincidence!*
rahatsız etmek	*to disturb, to bother*
yanlış	*wrong*
T.B.M.M. (Türkiye Büyük	*Turkish Grand*
Millet Meclisi)	*National Assembly*

yanılmıyorsam	*If I am not mistaken*
avukat	*lawyer*
Anayasa	*Constitution*
değişiklikler	*changes*
memnuniyetle	*with pleasure*
ilan etmek	*to declare*
ilan edilmek	*to be declared*
idareyi ele almak	*to take over the administration*
hazırlamak	*to prepare*
halkoyu	*referandum*
sunmak	*to submit*
sunulmak	*to be submitted*
referandum	*referandum*
kabul etmek	*to accept*
kabul edilmek	*to be accepted*
meslek	*profession*
seçimler	*elections*
çoğunluk	*majority*
koalisyon	*coalition*
kurmak	*to establish*
kurulmak	*to be established*
seçmek	*to choose*
halk	*people*
üye	*member*
Gerekir	*It is necessary*
dönem	*term*
Yaşı uygun ise	*If his age is suitable*
arka arkaya	*consecutively*
senato	*senate*
milletvekilleri	*deputies*
Başbakan	*Prime Minister*
Bakan	*Minister*

Kabine	*Cabinet*
oy	*vote*
oy vermek	*to vote*
sınır	*limit*
aydınlatmak	*to enlighten*
kalabalık	*crowded*
kadar	*about*
çağırmak	*to call*
genç bir hanım	*a young lady*
dikkatle	*carefully*
ne yazık ki, maalesef	*unfortunately*
yüzbaşı	*army captain*
karşılamak	*to meet*

Sorular / Questions

1. Konuşma kimler arasında geçiyor?
2. Mustafa, kimi Ahmet'e tanıştırmak istiyor? Niçin?
3. Hüseyin'in mesleği ne?
4. Ahmet, Hüseyin'den ne öğrenmek istiyor?
5. Türkiye Cumhuriyeti ne zaman ilan edildi?
6. 1960'da ne oldu?
7. İkinci Anayasa ne zaman hazırlandı?
8. İkinci anayasa hazırlandıktan sonra ne yapıldı? Hangi tarihte?
9. Yeni Anayasa Halkoyu tarafından kabul edildi mi?
10. Çoğunluğu hangi parti kazandı? Ne oldu?
11. Hükümet kaç yıl sürdü?
12. Anayasa'ya göre Cumhurbaşkanını kim seçer?

13. Herkes Cumhurbaşkanı olabilir mi?

14. Cumhurbaşkanı kaç yıl için seçilir?

15. Cumhurbaşkanı kaç dönem için seçilebilir?

16. Eskiden Senato var mıydı?

17. Büyük Millet Meclisi'nde kaç milletvekili vardır?

18. Başbakanı kim seçer?

19. Oy kullanmak için yaş sınırı var mıdır?

Okuma / Reading

=== TÜRKİYE *"Turkey"* ===

Türkiye bir Cumhuriyettir. Türkiye Cumhuriyeti, Asya ve Avrupa Kıtaları üzerinde kurulmuştur. Asya Kıtası üzerindeki kısım ANADOLU, Avrupa kıtası üzerindeki kısım TRAKYA'dır. Anadolu ve Trakya birbirlerinden İstanbul ve Çanakkale boğazları ile ayrılır. Bu iki Boğaz, aynı zamanda, Karadeniz'i Akdeniz'e bağlar. Türkiye'nin üç tarafı denizlerle çevrilmiştir. Kuzey'de Karadeniz, Batı'da Ege denizi ve Güney'de Akdeniz vardır. Doğu kısım, karadır.

Rusya, İran, Irak, Suriye, Yunanistan ve Bulgaristan, Türkiye'nin komşularıdır. Türkiye, Rusya ile Kuzeydoğu'da, İran ile Doğu'da, Irak ve Suriye ile Güneydoğu'da Yunanistan ve Bulgaristan ile Kuzeybatı'da komşudur. Yani, Türkiye'nin bu ülkelerle sınırı vardır.

Türkiye'nin en büyük şehri İstanbul'dur. Asya ile Avrupa kıtaları üzerine yayılmıştır. İstanbul, Asya ve Avrupa kıtalarını birleştirir. Boğaziçi Köprüsü de, İstanbul'dadır. Ve iki kıtayı birbirine bağlar. Köprünün uzunluğu tam bir kilometredir. Yaya olarak 15 dakikada bir kıtadan diğerine geçmek mümkündür.

Türkiye'nin iklimi, bölgelere göre değişir, yani Türkiye'de dört mevsimi bir arada görmek mümkündür. Doğu'da genellikle hava soğuktur. Yılın dokuz ayı, dağlar karla kaplıdır. Güneyde hava hemen hemen her mevsimde sıcaktır ve denize girmek mümkündür. Kuzey bölgesi, genellikle yağmurludur. Batı'da yazın sıcak, kışın yağmur vardır. Fakat ender olarak kar yağar. İç Anadolu Bölgesi düzdür. Çok az orman vardır. Bu yüzden yazın çok sıcak, kışın çok soğuk olur.

Türkiye çok eski bir tarihe sahiptir. Bu nedenle, yüzyıllardan beri bu toprak üzerinden birçok uygarlıklar gelip geçmiştir. Onun için bu topraklar üzerinde arkeolojik ve tarihi yerler çoktur. Arkeolojiye meraklı binlerce turist her yıl Türkiye'yi ziyaret ederler ve aynı zamanda, turistik yerlerde tatil yapar, denize girer ve dinlenirler.

Her milletin kendi kültürü vardır. Türk kültürü diğer milletler için çok ilginçtir. İngiliz, Amerikan, Alman veya Fransız kültürü de, Türkler için ilginçtir.

Yeni Kelimeler / Vocabulary

cumhuriyet	*republic*
Asya	*Asia*
Avrupa	*Europe*
kıta	*continent*
Anadolu	*Anatolia*
Trakya	*Thrace*
birbirlerinden	*from each other*
ayrılmak	*to be separated*
aynı zamanda	*at the same time*
Karadeniz	*The Black Sea*
Akdeniz	*The Mediterranean Sea*
Ege Denizi	*The Aegean Sea*
bağlamak	*to join*
çevrilmek	*to be surrounded*

Kuzey	*North*
Güney	*South*
Doğu	*East*
Batı	*West*
kara	*land*
komşu	*neighbour*
yani	*that is to say*
sınır	*border*
yayılmak	*to spread*
kurulmak	*to be founded*
uzunluk	*length*
yaya	*on foot*
geçmek	*to cross*
iklim	*climate*
bölge	*region*
-e göre	*according to*
mümkün	*possible*
kar	*snow*
kaplı olmak	*to be covered*
yağmurlu	*rainy*
Yazın	*in summer*
Kışın	*in winter*
İlkbaharda	*in spring*
Sonbaharda	*in autumn*
ender olarak	*rarely*
bu yüzden	*therefore*
sahip olmak	*to own*
yüzyıl, asır	*century*
uygarlık	*civilization*
tarihi	*historical*
binlerce	*thousands of*
yüzlerce	*hundreds of*
kültür	*culture*

Sorular / Questions

1. Türkiye hangi kıtalar üzerinde kurulmuştur?
2. Türkiye'de krallık mı, diktatörlük mü, yoksa cumhuriyet mi vardır?
3. Anadolu ve Trakya hangi kıtalar üzerindedir?
4. Anadolu ve Trakya birbirlerinden nasıl ayrılırlar?
5. İki boğaz hangi denizleri bağlar?
6. Türkiye'nin etrafında hangi denizler vardır?
7. Doğu'da hangi deniz vardır?
8. Türkiye'nin komşuları hangi ülkelerdir?
9. Türkiye'nin en büyük şehri hangisidir ve nerededir?
10. İstanbul hangi kıtaların üzerinde kurulmuştur?
11. Boğaziçi Köprüsü nerededir ve uzunluğu ne kadardır?
12. Avrupa'dan Asya'ya yürüyerek kaç dakikada geçilebilir?
13. Türkiye'nin iklimi nasıldır?
14. Türkiye'nin hangi bölgesi genelilkle soğuk ve karlıdır?
15. Hangi bölgede her mevsimde denize girmek mümkündür?
16. İç Anadolu Bölgesi nasıldır?
17. Anadolu'da, arkeolojik ve tarihi eserler var mıdır? Niçin?
18. Türkiye'ye her yıl turist gelir mi? Niçin?
19. Türk kültürü kimler için ilginçtir?
20. Ülkenizin iklimini anlatınız.

Passive Voice

A verb root plus verbal extension is referred to as a **"verb base"**. All verbs in Turkish can take the negative verbal extension and almost all take the abilitative extension.

Negative Verbal Extension: A verbal extension is a suffix which can occur on a verbal root or stem preceding the infinitive verbal suffix /mak/. The negative verbal extension /ma/ adds to the verb the element of meaning negation.

Gel**me**yin	*Don't come.*
Türkçe konuş**ma**yın.	*Don't speak Turkish*
Yaz**ma**yın.	*Don't write.*

Verb Base + /-**ma**/ is a negative verb base. It shows a negative imperative.

There are two types of Verbal Extension Suffixes:

1. The Passive Verbal Extension: /lL;-(I)N/

Kapı açıldı.	*The door was opened.*
Çok üzüldüm.	*I am terribly upset.*
Eşyalar satıldı.	*The goods were sold.*

The suffix /-il/ is added to the root of the verb ending with a consonant with the exception of

Yap	*do*	Yapıl...	*be done*
Gör	*see*	Görül...	*be seen*
Aç	*open*	Açıl...	*be opened*
Sev	*love*	Sevil...	*be loved*

With verb roots ending in the letter "l", the form of the suffix is /in/:

Bul	*find*	Bulun...	*be found*
Bil	*know*	Bilin...	*be known*
Al	*buy*	Alın...	*be bought*

With verbs ending in a wovel, the form of the suffix is /n/:

Başla	begin	Başlan...	be begun
De	say	De**n**...	be said

The passive in Turkish is used without a personal suffix. In English "I was taught" but in Turkish **"It was taught to me" "Bana öğretildi"**

DRILL on the Passive Suffix /-İL/:

Kitap satıldı.	The book was sold.
Mektup gönderildi.	The letter was sent.
Ekmek verildi.	The bread was given.
Kitaplar tercüme edildi.	The books were translated.
Mektup yazıldı.	The letter was written.
Paranız gönderildi.	Your money was sent.

The Reflexive Verbal extension /(I)N/:

Gemi göründü.   "The ship appeared."

The basic meaning of this suffix indicates that the action is performed not upon an external object but upon the subject itself.

Gör	see	Görün	appear	Görül	be seen
Bak	look	Bakın	look	Bakıl	be looked
			around	Edil	be performed
Et	perform	Edin	procure		

DRILL On Passive Forms

Active	Passive
Kitabı tercüme ettiler.	Kitap tercüme edildi.
Babama telefon etti.	Babama telefon edildi.
Kutuyu gönderdi.	Kutu gönderildi.
Size haber verecek.	Size haber verilecek.
Bu kitabı okumalıyız.	Bu kitap okunmalı.
O okulda ders verir.	Okulda ders verilir.
Para göndermeyeceğiz.	Para gönderilmeyecek.
Mağazayı kapamışlar.	Mağaza kapanmış.
Onu hastaneye götürüyorlar.	O hastaneye götürülüyor.
Dört kitap alacağız.	Dört kitap alınacak.

Simple Past Tense

Dün kızkardeşimi sinemaya götürdüm.
Dün kızkardeşim (tarafımdan) sinemaya götürüldü.
My sister was taken to the cinema (by me).

Past Continuous Tense

Dün kızkardeşimi sinemaya götürüyordum.
Dün kızkardeşim (tarafımdan) sinemaya götürülüyordu.
My sister was being taken to the cinema yesterday (by me).

Present Continuous Tense

Bugün kızkardeşimi sinemaya götürüyorum.
Bugün kızkardeşim (tarafımdan) sinemaya götürülüyor.
My sister is being taken to the cinema today (by me).

Simple Future Tense

Yarın kızkardeşimi sinemaya götüreceğim.
Yarın kızkardeşim (tarafımdan) sinemaya götürülecek.
My sister will be taken to the cinema today (by me).

Future Past Tense

Dün kızkardeşimi sinemaya götürecektim.
Dün kızkardeşim (tarafımdan) sinemaya götürelecekti.
My sister was going to be taken to the cinema yesterday (by me).

With "MUST" and "HAVE TO":

Kızkardeşimi sinemaya götürmeliyim.
Kızkardeşim (tarafımdan) sinemaya götürülmeli.
My sister must be taken to the cinema (by me).

With "CAN" and "COULD"

Kızkardeşimi sinemaya götürebilirim.
Kızkardeşim (tarafımdan) sinemaya götürülebilir.
My sister can be taken to the cinema (by me).

Kız kardeşimi sinemaya götürebilirdim.
Kızkardeşim (tarafımdan) sinemaya götürülebilirdi.
My sister could have been taken to the cinema (by me).

Transformation Drill

O, kitabı tercüme etti.
O kitap tercüme edildi.

Okul dün başladı.
Okul dün başlatıldı.

Doktora telefon etti.
Doktora telefon edildi.

Radyoyu keşfetti.
Radyo keşfedildi.

Çocuğu sinemaya götürdü.
Çocuk sinemaya götürüldü.

Postane biraz önce kapandı.
Postane biraz önce kapatıldı.

Size haber verecek.
Size haber verilecek.

Ankara'ya yarın gidecek.
Ankara'ya yarın gidilecek.

311

BİR DAVET *"An Invitation"*

Ahmet	:	Bizim eve kadar yürümüşken, bari uğrayalım ve biraz din-lenelim.
Zeynep	:	Eviniz burada mı?
Ahmet	:	Evet, hemen şurada.
Zeynep	:	Bu caddenin ismi ve evinizin numarası ne? Adresinizi verir mi-siniz?
Ahmet	:	Evim Atatürk Caddesi'nde 22 numara.
Zeynep	:	Ne tesadüf! Biz de bu caddenin sonunda oturuyoruz.
Ahmet	:	Buyrun, bir çay içelim.
Zeynep	:	Erken dönmem lazım. Kütüphaneye uğramam gerekiyor.

davet, çağrı	*invitation*
-e kadar	*as far as*
yürümek	*to walk*
dinlenmek	*to rest*
hemen şurada	*right over there*
tesadüf, rastlantı	*coincidence*
Ne tesadüf!	*What a coincidence!*
sonunda	*at the end*
içelim	*let us drink*
erken	*early*
dönmek	*to return*
Dönmem lazım	*I have to return*
uğramak	*to stop at*
Uğramam gerekiyor	*I have to stop at*
kabul etmek	*to accept*

Sorular / Questions

1. Ahmet ve Zeynep ne yaptılar?
2. Onlar nereye kadar yürüdüler?
3. Ahmet nereye uğramak istiyor?
4. Ahmet ve Zeynep nerede oturuyorlar?
5. Ahmet, Zeynep'e ne teklif ediyor?
6. Zeynep teklifi kabul ediyor mu?
7. Zeynep niçin Ahmet'in evine uğramak istemiyor?
8. Zeynep'in nereye uğraması lazım?

GRAMER

/İKEN,-(Y)KEN/ "When", "While"

İKEN is a phrase final suffix which is added to a predicate and which is never followed by any other suffix-personal or otherwise.

The suffix **/iken/** is used as **/ken/** after consonants, and as **/(y)ken/**after vowels in the meaning of WHEN or WHILE. It may be attached to the tense sign of a verb, the locative of a noun, an adjective or other appropriate word. When **/iken/** is attached to a verb, it doesn't take a personal ending.

314

"Bizim eve kadar yürümüşken, bari biraz dinlenelim."

This sentence illustrates the suffix **/İKEN/**. *The form of this suffix is* **/-(y)ken/** *after a vowel and* **/-ken/** *after a consonant. In the above sentence the suffix is added to the participle "yürümüş" (have walked).*

BASE verb, adj. or noun +	Tense sign or locative suffix +	/İKEN/
Konuş	ur	**ken**
Çalış	ır	**ken**
Toplantı	da	**yken**
Londra	da	**yken**
Yap	ar	**ken**
Hasta	-	**yken**
Yaşlı	-	**yken**

The suffix **/iken/** *is used is meaning of* **"WHEN"** *or* **"WHILE"** *with the Simple Present or Past Continuous and the Past Tense, and it indicates the habitual action.*

— Ben çalışır**ken** lütfen konuşmayın.
— Müdür toplantıda**yken** ziyaretçi kabul etmez.
— Çocuklar okulda**yken** annesi evde yoktu.
— Amerika'da**yken** İngilizce öğrendim.
— Seyahatten döner**ken** kaza yaptım.
— Öğretmen konuşur**ken** dinlemelisiniz.
— Radyo çalar**ken** televizyonu açmayınız.
— Su içer**ken** yılan bile dokunmaz.
— Ahmet gelir**ken** ben gidiyordum.
— Siz uçakta**yken** ben mesaj yolladım.
— Okula gider**ken** öğretmenimi gördüm.
— Ders çalışır**ken** arkadaşım geldi.
— Babam televizyon seyreder**ken** spor yapıyordu.
— Öğretmen ders anlatır**ken** çocuklar dinliyordu.
— Biz Ankara'da otururr**ken** sık sık parka giderdik.

Examples in Qestion Form:

— Siz ne yapar**ken** öğretmeninizi gördünüz?
— Siz ne yapar**ken** arkadaşınız geldi?
— Babanız ne yapar**ken** spor yapıyordu?
— Öğretmeniniz ne yapar**ken** çocuklar dinliyordu?
— Siz nerede otururr**ken** sık sık parka giderdiniz?

YILBAŞI   *"New Year's Eve"*

Nurdan : Alo! Ayşe, nasılsın, iyi misin? Yılbaşı gecesini nasıl geçirdiniz?

Ayşe : Çok iyi geçirdik, Nurdan. Televizyonda çok güzel bir eğlence programı vardı. Annem ve ben televizyon seyrederken, babamla kardeşim kağıt oynuyorlardı. Akşam üzeri alışverişe giderken yolda seni gördüm ama, sen beni görmedin. Acele acele gidiyordun. Önemli bir şey mi vardı?

Nurdan : Hayır. Önemli bir şey yoktu. Hava soğuktu. Okuldan gelirken çok üşümüştüm. Zaten okuldayken de çok soğuktu. Biliyorsun bu günlerde yakıt yok.

Ayşe : Bizde de yakıt yoktu ama, babam sabahleyin işe giderken, yolda bir tanker görüp eve yollamış. Tam beş ton aldık. Şimdi evimiz sıcak.

Nurdan : Öyleyse ben de size geliyorum.

Ayşe : Çabuk gel. Bekliyorum.

1. Nurdan kime telefon etti? Ne sordu?
2. Ayşe yılbaşını nasıl geçirmiş?
3. Televizyonda ne varmış?
4. Ayşe'yle annesi televizyon seyrederken babasıyla kardeşi ne yapıyorlarmış?
5. Ayşe'yle annesi ne yaparlarken babası ve kardeşi kağıt oynuyorlarmış?
6. Ayşe nereye giderken Nurdan'ı görmüş?
7. Nurdan nereden gelirken üşümüş?
8. Nurdan neredeyken çok soğukmuş?
9. Nurdan'ın babası nereye giderken tanker görmüş?
10. Kim kimin evine gitmek istiyor? Niçin?

Gramer / Grammar

Drill on İKEN
With a noun stem without subject:

Subay**ken** çok gençtim	*When an officer...*
Öğrenciy**ken** çok gençti.	*While a student...*
Elçiy**ken** çok gençmiş.	*While an ambassador...*
Astronot**ken** çok gençtiniz.	*While an astronaut...*

With Suffix /-da/:

Ora**dayken**	*While there...*
Amerika'**dayken**	*While in the U.S.A...*
Otel**deyken**	*While at the hotel...*

With VAR and YOK:

O **varken**, ben de oradaydım.	*While he was there, I was there too.*
Ben **yokken** ne yaptınız?	*What did you do when I wasn't here?*
Parası **yokken** evde oturur.	*When he doesn't have money, he stays at home.*

On Present Participles with Suffix /-(a,ı)r/:

Uyur**ken** rüya görürüm.	*I dream while I sleep.*
Okur**ken** uyurum.	*I fall asleep when I read.*
Gider**ken** oraya uğradık.	*We dropped in while going.*
Biner**ken** onu gördüm.	*I saw him as he was getting on.*

Some examples of ambiguity with this construction:

Giderken onu gördüm	*I saw him while I was going.*
Onu giderken gördüm.	*I saw him while he was going.*
Ahmet'i sizi beklerken gördüm.	*I saw Ahmet while he was waiting for you.*
	(or)
	I saw Ahmet while I was waiting for you.

But:
Konuşurken Ahmet'i gördüm.
I saw Ahmet while I was speaking...

Buraya kadar yürümüşken...
Since you have walked all the way here...
Since he has walked all the way here...
Since they have walked all the way here...

On Past participle with suffix /-miş/ "Since"

(Siz) Buraya kadar yürü**müşken** uğrayın.	*Since you have*
(O) Buraya kadar yürü**müşken** uğrasın.	*Since he has...*
(Sen) Buraya kadar yürü**müşken** uğra.	*Since you have...*
(Siz) Buraya kadar yürü**müşken** uğrayınız.	*Since you have...*
(Onlar) Buraya kadar yürü**müşken** uğrasınlar.	*Since they have...*

"Sabahleyin restorana gidip bir çay içtim."

In addition to its use as in the sentence above, to join two clauses into a compound sentence (in translation "I went to the restaurant and drank a (cup of) tea." *It may also occur when the next verbal form in the sentence is a verbal noun, in which case it indicates that the verb stem to which it is attached is to be construed also as a verbal noun in parallel construction with the following·one:*

Alıp götürmem lazım. I must pick (it) up and take (it) with me.

DRILL on /(y)ıp/:

Postaneye uğra**yıp** geleceğim.
Postaneye uğra**yıp** geldim.
Postaneye uğra**yıp** gelmiştim.
Postaneye uğra**yıp** geliyorum.

In Turkish, "While" is in two forms:

While + verb 'to be'

Ben oradayken, sen neredeydin?
Where were you, while I was there?

Sen hastanedeyken, biz başka bir eve taşındık.
While you were in the hospital, we moved into another house.

Biz bahçedeyken, o geldi.
She came while we were in the garden.

While (as) + regular verb

Ben okurken, o uyuyordu.
While (as) I was reading, she was sleeping.

Sen konuşurken, ben dinliyordum.
I was listening while (as) you were talking.

Otobüse binerken seni gördüm.
As I was getting on the bus, I saw you.

Otobüsten inerken, düştüm.
I fell down as I was getting off the bus.

In Turkish "When" is in two forms:

When + verb 'to be'

O çocukken, çok güzeldi.
When she was a child, she was very pretty.

Hastayken, hiç birşey yemedim.
When I was ill, I ate nothing.

Yorgunken, konuşmayınız.
Don't talk when you are tired.

O mutluyken, her zaman şarkı söyler.
She always sings when she feels happy.

When + regular verb

Ali'yi gördüğüm zaman, telefonda konuşuyordu.
When I saw Ali, he was talking on the telephone.

Onu bulduğum zaman size söylerim.
I'll tell you when I find it.

Yağmur yağdığı zaman sokaklar ıslaktır.
Streets are wet when it rains.

YAZ TATİLİ *"Summer Holiday"*

Nurdan : Yarın tatil başlıyor. Nereye gitmeyi düşünüyorsunuz?

Ayşe : Henüz karar vermedim, ama herhalde, ya Antalya'ya gideceğim, ya da Mersin'e.

Nurdan : Uçakla mı, yoksa arabayla mı?

Ayşe : Ne uçakla, ne de arabayla. Her zaman otobüsü tercih ederim. Otobüs seyahatini çok seviyorum. Ya siz ne yapacaksınız?

Nurdan : Ben, hem Antalya'ya, hem de Mersin'e gitmek isterim, ama ne param var, ne de zamanım. Onun için herhalde İstanbul'da kalacağım.

Ayşe : Benim misafirim ol. Beraber gidip eğleniriz. Yalnız ya annenden ya da babandan biraz cep harçlığı al, yeter.

başlamak	*to begin*
düşünmek	*to think*
henüz	*yet*
karar vermek	*to decide*
tercih etmek, yeğlemek	*to prefer*
seyahat, gezi	*trip*
misafir, konuk	*guest*
Misafirim ol.	*Be my guest*
eğlenmek	*to enjoy*
cep	*pocket*
cep harçlığı	*pocket money*
yeter	*that will be sufficient.*

Sorular / Questions

1. Yarın ne başlıyor?
2. Tatil ne zaman başlıyor?
3. Ayşe bir yere gidecek mi?
4. Ayşe nereye gitmek istiyor?
5. Otobüsle mi, yoksa arabayla mı gidecek?
6. Nurdan tatil için İzmir'e mi gidecek?
7. Nurdan bir yere gitmek istiyor mu?
8. Niçin gidemiyor?
9. Nurdan'ı kim davet ediyor?
10. Nurdan'ın ne alması lazım? Kimden?

DENİZ KENARINDA
"At the Seaside"

Yıldırımalp ailesi geçen yaz tatillerini Karadeniz sahillerinde geçirdiler. Bir sabah çok erken saatte arabaları ile yola çıktılar. Yolda birkaç yerde mola verdiler ve hiç yorulmadan otele vardılar. Çocuklar hemen mayolarını giydiler ve denize atladılar. Bay ve Bayan Yıldırımalp odalarına çıkıp bir süre dinlendikten sonra, onlar da deniz kenarındaki gazinoya gittiler. Bay Yıldırımalp, "Hemen denize girelim," dedi. Bayan Yıldırımalp hem denize girmek, hem de yemek yemek istiyordu, çünkü karnı açtı. Bay Yaldırımalp "Ya denize girersin, ya da yemek yersin. İkisi beraber olmaz" dedi. Bayan Yıldırımalp ne denizden, ne de yemekten vazgeçiyordu.

Tam o sırada denizden bir ses duydular. Küçük kızları "imdat! İmdat!" diye bağırıyordu. Babası hızla koştu. Denize daldı ve kızını kurtardı. Sonra hep beraber lokantaya gidip yemeklerini ısmarladılar. Orada bir saat kaldıktan sonra, oteldeki odalarına gidip uyudular.

Uyandıkları zaman, saat yedi olmuştu. Hep beraber deniz kenarında bir yürüyüş yaptılar ve bir kaç dostları ile karşılaştılar. Her yer çok kalabalıktı.

Yıldırımalp Ailesi	*The Yıldırımalps*
geçen yaz	*last summer*
sahil, kıyı	*shore*
yola çıkmak	*to set off*
birkaç yerde	*in a few places*
mola	*rest*
yorulmadan	*without getting tired*
mayo	*bathing suit*
atlamak	*to jump*
bir süre	*for a while*
hemen	*right away*
karnım aç	*I am hungry*
acıktım	*I got hungry*
vazgeçmek	*to give up*
tam o sırada	*right at that moment*
ses	*voice*
imdat!	*Help!*
bağırmak	*to shout*
hızla	*speedily*
koşmak	*to run*
dalmak	*to dive*
kurtarmak	*to save*
ısmarlamak	*to order*
yürüyüş yapmak	*to take a walk*

Sorular / Questions

1. Yıldırımalpler geçen yaz ne yaptılar?
2. Bir sabah ne oldu?
3. Yolda ne yaptılar?
4. Onlar yolda çok yoruldular mı?
5. Otele varır varmaz çocuklar ne yaptılar?
6. Kimler, nerede dinlendiler?
7. Deniz kenarındaki gazinoya kimler, ne zaman gittiler?

8. Bay Yıldırımalp hemen ne yapmak istedi?

9. Bayan Yıldırımalp ne yapmak istiyordu?

10. Onlar denizden ne duydular?

11. Sesi duyar duymaz Bay Yıldırımalp ne yaptı?

12. Sonra hep beraber nereye gittiler?

13. Uyandıkları zaman saat kaçtı?

14. Deniz kenarında ne yaptılar ve kimlerle karşılaştılar?

15. Otelde ve deniz kenarında çok insan var mıydı?

Gramer / Grammar

NEITHER...NOR /NE... NE DE.../

The form /ne... ne de.../ may be used with nouns or with verbs or longer constructions. These forms are already negative and need not be followed by a negative /yok/, /değil/ or a verbal with /-ma/

Drill On /Ne... ne de.../

Ankara'ya **ne** ben gidiyirom, **ne de** eşim.

Adresi **ne** onlar biliyor, **ne de** biz.

Mektubu **ne** ben okudum, **ne de** o.

Telefonla **ne** ben konuştum **ne de** kızım.

Onun nerede olduğunu **ne** ben biliyorum, **ne de** onlar.

Sizin nerede oturduğunuzu **ne** o biliyor, **ne de** ben.

Ne tiyatroya gideceğiz, **ne de** sinemaya.

Ne Türkçe konuşacağız, **ne de** Fransızca.

Ne telgrafınızı aldık, **ne de** mektubunuzu.

Bugün evde **ne** ekmek, **ne de** şeker var.

"BOTH...AND..,.. " /HEM... HEM(DE)/

The form /Hem... hem (de)/ is like "both... and..." in English. This construction is very similar in usage to English equivalent.

Drill on /Hem...Hem (de)/

Hem okudum, **hem (de)** anlattım.

Hem postaneye, **hem (de)** sinemaya gideceğiz.

Hem siz, **hem (de)** kardeşiniz okula gitmelisiniz.

Hem karnım aç, **hem (de)** yorgunum.

"EITHER...OR..." /YA...YA DA.../

The form /Ya...ya da.../ is like "either...or..." in English. It is followed only by a positive and a negative or by two positives, never by two negatives.

Drill on /Ya... Ya da.../

Ya telefon ederim, **ya da** telgraf çekerim.

Saat beşe kadar **ya** bitiririm, **ya da** bitiremem.

Mektup **ya** eşinizden, **ya da** kızınızdan gelmiş.

Lokantada **ya** börek yerim, **ya da** köfte.

Drill on	/Ya... ya da.../	Either...or...
	/Hem... hem de.../	Both...and...
	/Ne... ne de.../	Neither...nor...

1. a) Bu akşam **ya** sinemaya giderim, **ya da** tiyatroya.

   b) Bu akşam **ne** sinemaya giderim, **ne de** tiyatroya.

   c) Bu akşam **hem** sinemaya giderim, **hem de** tiyatroya.

2. a) **Ya** şarap içerim, **ya da** kokakola.

   b) **Ne** şarap içerim, **ne de** kokakola.

   c) Bu akşam **hem** şarap içerim, **hem de** kokakola.

3. a) **Ya** İngilizce biliyor, **ya da** Fransızca.

   b) **Ne** İngilizce biliyor, **ne de** Fransızca.

   c) **Hem** İngilizce biliyor, **hem de** Fransızca.

4. a) **Ya** trenle giderim, **ya da** uçakla.

   b) **Ne** trenle giderim, **ne de** uçakla.

   c) **Hem** trenle giderim, **hem de** uçakla.

5. a) **Ya** Amerika'ya gideceğim, **ya da** Fransa'ya.

   b) **Ne** Amerika'ya gideceğim, **ne de** Fransa'ya

   c) **Hem** Amerika'ya gideceğim, **hem de** Fransa'ya.

The /DİYE/ Quotation

Demek is the only verbal in Turkish and comes after the spoken words. This verbal is often used in the forms **"diyor, dedi, demiş"**, If **"söylemek"**, **"cevap vermek"**, **"sormak"** is to be used following direct quotation of the words of the speaker, the form **"diye"** must be used.

In Turkish, a quotation is often introduced with a dash, but not with quotation marks.

Ahmet:
— Babam, geleceğim diye cevap verdi.

Drill On /DİYE/ "saying":

Telefon etti mi, **diye** sordum.

Gelmeyecekler, **diye** cevap verdi.

Acaba biliyor mu, **diye** sordum.

Bilmiyorum, **diye** cevap verdi.

Ben İngilizce öğrendim, **diye** söyledi.

Dersleriniz nasıl gidiyor, **diye** sordum.

Pek iyi değil, **diye** cevap verdi.

Other uses of "DİYE"

DİYE: "Thinking, hoping that..."

Geleceksin **diy**e pilav pişirdim.
Hoping that you will come, I cooked rice.

Elektrik kesilir **diye** bir kutu mum aldım.
Thinking that electricity will be cut, I bought a box of candles.

Lazım olur **diye** yanıma para alacağım.
I shall take money with me, thinking that I may need it.

Yağmur yağar **diye** şemsiyemi yanıma aldım.
I took my umbrella with me, thinking that it may rain.

Zeytinyağı bulabilirim **diye** bakkala uğradım.

I dropped in the grocer's hoping that I may find olive oil.

NOTE: *In the sentences above, to use* **"in case"** *in place of* **"thinking that"** *and* **"hoping that"** *would be better English.*

Idiomatic usages of "DİYE"

Önce buraya gelsin **diye** telefon ettim.

I telephoned to her in order that she comes here first.

Parasız kalmasın **diye** ona para verdim.

I gave her money so that she is not short (of money).

Bu çorapları sana giyesin **diye** aldım.

I bought these stockings for you to wear.

Ne diye böyle kitaplar okuyorsun?

Why are you reading such books?

Ne diye bu havada denize girdin?

Why did you swim in a weather like this?

Oraya **ne diye** gideceksin?

Why will you go there?

　　(or)

What is the use of going there?

Şu elektiriği **ne diye** keserler, anlamıyorum.

Why do they make these electricity cuts, I don't understand.

Relatives

Relative pronouns **"WHO, WHOM, WHOSE"** *for living subjects and* **"THAT"** *for non-living subjects, are used to combine sentences, and the Relative Clause gives more information about the subject.*

In Turkish, Relative Clauses are built in three forms:

In the first form, no relative pronoun is needed as in English. Only the part that gives more information about the subject, the Relative Clause, serves as an adjectival clause. So, it must be placed previous to the subject. The suffix **/ki/** is added to the word of the clause. The most important thing to remember is that, the subject and the relative clause exchange

Adam hızlı yürüyor.	*The man is walking fast.*
Hangi adam?	*Which man?*
Sokakta**ki** adam.	*The man on the street.*
Sokakta**ki** adam hızlı yürüyor.	*The man on the street is walking fast.*

Examples:

Masada**ki** kitap benim değil.
The book on the table is not mine.

Bahçede**ki** köpek ne yapıyor?
What is the dog in the garden doing?

Odamda**ki** sigaraları getirir misin?
Will you bring me the cigarettes in my room?

Balkonda**ki** kız aşağı bakıyor.
The girl on the balcony is looking down.

Mutfakta**ki** tabakları yıkayacağım.
I'm going to wash the plates in the kitchen.

In the second form, no personal pronoun follows the relative pronoun. In Turkish, the verb in the relative clauses takes suffixes **-EN** or **-AN**.

Adamı gördüm	*I saw the man.*
Hangi adamı?	*Which man?*
Paramı çalan adamı.	*The man who stole my money.*
Paramı çalan adamı gördüm.	*I saw the man who stole my money.*

Examples:

1. Şarkı söyleyen kızın güzel sesi var.
   The girl who is singing, has a betautiful voice.

2. Bunu bilen birisini tanıyorum.
   I know someone who knows this.

3. Camı kıran çocuk bu.
   This is the boy who broke the glass.

4. Dün konuşan adam bu değildi.
   This wasn't the man who spoke yesterday.

5. Hızlı giden araba tehlikelidir.
   A car that goes fast is dangerous.

6. Bunlar şaka seven insanlardır.
   These are people who like jokes.

In the third form, a personal Suffix always follows the relative pronoun. The verb in the clause is:

$$BASE + \begin{matrix} \textbf{-dığı, -diği} \\ \\ \textbf{-duğu,-düğü} \end{matrix} + personal\ suffix$$

Bana ver**diğin** dergi hiç ilginç değildi.
The magazine you gave me wasn't interesting at all.

İç**tiği**miz sigaranın ismi ne?
What is the name of the cigarette we are smoking?

Dün sana ver**diğim** aynayı nereye koydun?
Where did you put the mirror I gave you yesterday?

Orkestranın çal**dığı** parçayı daha önce duymamıştım.
I haven't heard the piece the orchestra is playing, before.

Onların ye**diği** balık taze değildi.
The fish they ate wasn't fresh.

Note: *In Turkish, there is no tense difference in Relative Clauses except in the Future Tense, as will be seen in the following examples:*

Okuyacağın kitap sana çok şey öğretecek.
The book (that) you are going to read will teach you a lot.

Yarın gelecek (olan) adam, bana para getirecek
The man who will come tomorrow, will bring me money.

Gelecek Pazartesi tanışacağın kadın, senin üvey annen olacak.
The woman (who) you'll meet next Sunday, will be your step-mother.

Uses of WHO, WHAT, WHICH, WHERE and WHY as Link-Words:

Example

Ne yapacağımı bilmiyorum.
I don't know what to do.

Ne yaptığımı bilmiyorum.
I don't know what I did.

Ne yaptığımı bilmiyordum.
I didn't know what I was doing.

Drill on Link-Words
Translate the following sentences into Turkish:
1. He has forgotten where to go.
2. I have no idea whom to ask.
3. No one told me which book to buy.
4. She doesn't know which dress to wear tonight.
5. Do you know what to say?
6. My friend couldn't remember which way to turn.
7. Do you know where her house is?
8. Do you know how much these stockings are?

9. I can't undestand why he doesn't speak to me.

10. I can't understand why she talks so long (so much).

11. She couldn't remember how many people she had invited.

12. I know how long I waited.

13. She knew how far (till where) she had walked.

14. I have no idea when he will answer.

15. You can't imagine how lovely her dress was.

16. She never tells how old she is.

The Use of "HOW to do something"
Example

Türk kahvesi yapmayı (yapmasını) bilmiyorum.
I don't know how to make Turkish coffee.

Drill on HOW
Translate the following sentences into Turkish:

1. I don't know how to drive a car.

2. Do you know how to sew?

3. She deosn't know how to knit.

4. We don't know how to cook.

5. Do you know how to swim in deep water?

6. They don't know how to type.

Drill on WHATEVER, WHOEVER, WHEREVER, WHICHEVER and WHENEVER

Ne istersen alabilirsin.
You can buy whatever you want.

Ne söylersen (söylesen) doğrudur.
Whatever you say is true.

Her söylediğin doğrudur.
Everything you say is true.

Kim bu çantayı alırsa, taşıyamayacak.
Whoever takes this bag, won't be able to carry it.

Bu resmi kim görse (görürse) beğenir.
Whoever sees this picture, likes it.
  (or)
Everyone likes this picture.

Dialogue / Memorize

BANKADA   *"At the Bank"*

Banka memuru	:	Günaydın efendim. Yardım edebilir miyim?
Mehmet	:	Bir hesap açmak istiyorum.
Banka memuru	:	Size yardım edeyim. Şöyle oturun lütfen. Nasıl bir hesap açmak istiyorsunuz? Vadeli hesap mı, tasarruf hesabı mı? Yoksa vadesiz hesap mı?
Mehmet	:	Vadesiz hesap açmak istiyorum.

Banka memuru	:	Niçin tasarruf hesabı açmıyorsunuz?
Mehmet	:	Bu iki hesap arasında ne fark var?
Banka memuru	:	Vadesiz hesapta az faiz var ama, tasarruf hesabınız
		için size daha çok faiz ödeyeceğiz.
Mehmet	:	Yüzde kaç faiz ödüyorsunuz?
Banka memuru	:	Yüzde beş.
Mehmet	:	Öyleyse tasarruf hesabı olsun.
Banka memuru	:	Peki efendim. Şimdi hazırlarım.

Yeni Kelimeler / Vocabulary

Banka	*bank*
hesap açmak	*to open an account*
şöyle oturun lütfen	*sit here please.*
memur	*employee*
vadesiz hesap	*checking account*
tasarruf hesabı, vadeli hesap	*saving account*
arasında	*between, among*
fark	*difference*
faiz	*interest*
yüzde beş	*five per cent*
öyleyse	*then*
hazırlamak	*to prepare*
fikrini değiştirmek	*to change one's mind*

Sorular / Questions

1. Mehmet nereye gitti?

2. Mehmet niçin bankaya gitti?

3. Banka memuru Mehmet'i görür görmez ne dedi?

4. Mehmet önce nasıl bir hesap açmak istedi?

5. Sonra niçin fikrini değiştirdi?

6. Tasarruf hesabı ile vadesiz hesap arasında ne fark var?

BANKAYA GİDİŞ
"Going to the Bank"

Mehmet o sabah çok erken uyandı. Kız arkadaşı ile beraber Belgrat Ormanları'na gideceklerdi. Kızı çok seviyordu ve onunla evlenmek istiyordu. O gün onunla saat on birde randevusu vardı. Mehmet çok heyecanlıydı. Kahvaltı etmek istedi, ama buzdolabında kahvaltı için hiçbir şey yoktu. Zaten parası da yoktu. Bankaya gitmesi lazımdı. Saat sekizde evden çıktı ve doğru bankaya gitti. Banka kapalıydı. Bankanın yanındaki parkta tam bir saat bekledi. Banka açılır açılmaz hemen içeri girdi ve para çekmek istediğini söyledi. Fakat banka defterini evde unutmuştu. Evi çok uzaktı. Düşünmeye başladı. Tam o sırada bir arkadaşını gördü. Ondan bir milyon lira ödünç aldı ve tam zamanında kız arkadaşının evine gitti.

1. Mehmet o sabah niçin erken kalktı?
2. Kiminle randevusu vardı?
3. Kahvaltı etti mi? Niçin edemedi?
4. Saat on birde ne yapacaktı?
5. Mehmet'in nereye gitmesi lazımdı? Niçin?
6. Bankaya zamanında gitti mi?
7. Nerede ve niçin bir saat bekledi?
8. Bankaya zamanında gitti mi?
9. Kimden para aldı?
10. Sonra ne yaptı?

Dialogue

GİDELİM Mİ?   "Shall We Go?"

Banka memuru	:	Size yeni bir hesap açayım mı?
Mehmet	:	Hayır, benim bu bankada hesabım var. Başka bir hesap açmak istemiyorum.
Banka memuru	:	Defteriniz yok. Size para veremeyeceğim.
Mehmet	:	Ama kimlik kartım var.
Banka memuru	:	Özür dilerim, ama imkansız. İsterseniz gidip müdüre anlatalım.
Mehmet	:	Gidelim ve söyleyelim. Belki izin verir.

kimlik kartı	*identification card*
özür dilerim	*I am sorry*
isterseniz	*if you want*
anlatalım	*let us explain*
belki	*probably*
izin	*permission*
imkansız	*impossible*

The Usage of "ENOUGH" in a Positive Sense

Bu kitap benim **okuyabileceğim kadar** kolay.
This book is easy enough for me to read.

Müze senin **yürüyebileceğin kadar** yakın.
The museum is near enough for you walk.

Et **yiyebileceğiniz kadar** yumuşaktı.
The meat was tender enough for us to eat.

A special usage: AS SOON AS, WHEN

BASE + **-(a,ı)r**...*BASE +* **(-maz)**
Türkiye'ye **varır varmaz** Göreme'ye gidecek.
As soon as he reaches Turkey, he'll go to Göreme.
    BASE + **(dığı) zaman**
Türkiye'ye var**dığı zaman**, Göreme'ye gidecek.
When he reaches Turkey, he'll go to Göreme.
    BASE + **(-ınca)**
Türkiye'ye var**ınca**, Göreme'ye gidecek.
Upon reaching Turkey, he'll go to Göreme.

Drill on AS SOON AS

KALKMAK

Uçak kalk........kalk.......... yerime oturacağım.
Uçak kalk....... zaman, yerime oturacağım.
Uçak kalk....... yerime oturacağım.

GİTMEK

Antalya'ya gid......... git........... Aspendos harabelerini göreceğim.
Antalya'ya git......... zaman, Aspendos harabelerini göreceğim.
Antalya'ya gid........ Aspendos harabelerini göreceğim.

AS...AS, WHENEVER..., GRADUALLY

BASE + -dikçe (-dıkça, -dükçe, -dukça)
Ayla bu evde otur**dukça**, her gün merdiven çıkmak zorunda kalacak.
So long as Ayla lives in this house, she'll have to climb stairs (every day).

Ali geziyi anlat**tıkça**, ben hep gülerim.
Whenever Ali tells about the trip, I always laugh.

Ayla büyü**dükçe** güzelleşiyor.
Ayla gets prettier as she grows up.

İnsan yaşlan**dıkça** daha çabuk yoruluyor.
As one grows older, one gets tired more guickly.

Susa**dıkça** meyva suyu içmek faydalıdır.
It is good to drink fruitjuice, whenever thirsty.

Acık**tıkça** havuç ve meyva yiyiniz. Makarna ve pilav yedikçe insan kolay şişmanlar.
Eat carrots and fruit whenever hungry. One puts on weight easily so long as one eats macaroni and rice.

İlkbahara doğru havalar git**tikçe** ısınmaya başlar.
The weather gets warmer and warmer toward spring.

Ayla git**tikçe** şişmanlıyor.
Ayla is gradually gaining weight.

Ali Bey git**tikçe** (giderek) zenginleşiyor.
Ali Bey is getting richer, and richer. (He is gradually getting richer)

Türkçe git**tikçe** daha kolaylaşmaya başlıyor, değil mi?
Turkish is getting easier and easier (gradually), isn't it?

UNLESS

> *BASE* + **-me(ma)** + **-dıkça(dikçe,** *etc)*

Siz zili çal**madıkça**, kapıyı kimse açmaz.
No one will open the door, unless you ring the bell.

Pencereden bak**madıkça**, onu göremeyiz.
We can't see her unless she looks out of the window.

Her yeri gör**medikçe** İstanbul'dan ayrılmak istemiyor.
She doesn't want to leave İstanbul, unless she sees everywhere.

Siz çağır**madıkça**, garson gelmez.
The waiter does not come, unless you call him.

Nerede istersen kalabilirsin.
You can stay wherever you like.

Nereye gitsek, onu görüyoruz.
Wherever we go, we see him.

Nereye gideceksek, gidelim.
Let's go wherever we will.

Hangi filme istersen, bilet alabilirsin.
You can buy tickets for whichever movie you like.

Onu ne zaman görsem, seni sorar.
Whenever I see him, he asks about you.

Bu müziği ne zaman dinlesem, eski günlerimi hatırlarım.
Whenever I listen to this music, I remember the old days.

HER "EVERY TIME"

HER + *BASE* + DİĞİ (-DIĞI) + *Personal suffix* + DE (-DA)

Bu konuyu **her** tartıştığımız**da**, sinirlenirim.
Every time we discuss this matter, I become irriated.
Onu **her** gördüğümde, seni sorar.
Every time I see him, he asks about you.
Bu elbiseyi **her** giydiğim**de** düğmesi kopar.
Every time I put on this dress, a button comes off.
Her görüştüğünüz**de** benden mi söz edersiniz.
Do you talk about me every time you meet?
Bu müzeyi **her** ziyaret ettikleri**nde**, bu tablonun önünde dururlar.
Every time they visit this museum, they stop in front of this painting.

A Paragraph On the Variations of "AS"

Odaya **girer girmez** radyoyu açtı. **Mümkün olduğu kadar yüksek sesle**
şarkı söylemeye başladı. **Bildiği kadarıyla** evde kimse yoktu. **Babası gibi**
şarkı söylemeye başladı. **Bir şarkıcı olarak** hiç de iyi değildi. **İşin doğrusu,**
ne kendisi, ne de babası şarkıcıydı.

He turned on the radio as soon as he entered **the room. He began to sing**
as loudly as he colud (possible). As far as he knew, **there was no one at home.**
He began to sing *as his father did. As a singer,* **he was not good at all.** *As a*
matter of fact, **neither he nor his father were singers.**

The Usage of "TOO" as an Adverb of Excess in a Negative sense

Bu kitap benim **okuyamayacağım kadar** zor.
This book is too difficult for me to read.
Müze senin **yürüyemeyeceğin kadar** uzak.
The museum is too far for you to walk.
Et **yiyemeyeceğimiz kadar** sertti.
The meat was too tough for us to eat.

TÜRKİYE HARİTASI
"A Map of Turkey"

Bu, Türkiye haritasıdır. Türkiye, üç tarafı denizlerle çevrilmiş bir yarımadadır. Kuzey'de Karadeniz, Batı'da Ege Denizi ve Güney'de Akdaniz vardır.

Türkiye, Asya ve Avrupa kıtaları üzerinde kurulmuştur. Asya üzerindeki kısım Anadolu, Avrupa üzerindeki kısım ise Trakya'dır. Anadolu ile Trakya, yani Asya ile Avrupa, birbirlerinden İstanbul ve Çanakkale Boğazları ile ayrılırlar.

Türkiye, kuzeydoğu'da Rusya, doğuda İran, güneydoğuda Irak, güneyde Suriye, batıda Yunanistan ve kuzeybatıda da Bulgaristan ile komşudur.

Türkiye Cumhuriyetle yönetilir. Yetmiş altı tane il merkezi ve çok sayıda ilçe merkezleri vardır. En büyük ili İstanbul'dur. İstanbul'un nüfusu beş milyon civarındadır. Boğaziçi Köprüsü de İstanbul'dadır. İki kıtayı birbirine bağlayan bu köprünün uzunluğu bir kilometredir. Yaya olarak bir kıtadan diğerine geçmek ancak on beş dakika sürer. İstanbul, tarihi zenginlikleriyle ayrıca önemli bir kenttir.

Türkiye'nin iklimine gelince:

Güneyde hava, hemen hemen her mevsim sıcaktır ve denize girmek mümkündür. Kuzey bölgesi genellikle yağmurludur. Batıda yazın sıcak, kışın yağmur vardır. Kar ender olarak yağar. Yağsa bile birkaç gün sonra kalkar. İç ve Doğu Anadolu Blögeleri dağlık ve yüksektir. Bu nedenle yazın sıcak, kışın soğuk olur.

harita	*map*
milyon	*million*
geniş	*wide, broad*
yayılmak	*spead out*
il merkezi	*city center*
ilçe	*town*
çevrilmiştir	*is surrounded*
deniz	*land*
Karadeniz	*Black Sea*
Akdeniz	*The Mediterranean*
Ege Denizi	*The Aegean Sea*
komşu	*neighbour*

Dialogue / Memorize

1. Türkiye'nin nüfusunu biliyor musunuz?
2. Türkiye nasıl bir alana yayılmıştır?
3. Türkiye'de kaç il ve ilçe vardır?
4. Türkiye'nin en büyük ili hangisidir?
5. İstanbul'un nüfusu ne kadardır?
6. Türkiye'nin etrafı hangi denizlerle çevrilidir?
7. Türkiye'nin hangi tarafları denizlerle, hangi tarafları kara ile çevrilmiştir?
8. Türkiye'nin kuzeyinde, güneyinde, doğusunda ve batısında neler vardır?
9. Hangi ülkeler Türkiye'nin komşusudur?
10. Türkiye'nin kuzeybatısında, kuzeydoğusunda, doğusunda, güneydoğusunda ve güneyinde hangi ülkeler vardır?

"DÜĞÜN" *"A Wedding"*

Mayıs ayı bitmek üzere. Havalar ısınmaya başladı. Ortaokullar ve liselerde dersler kesildi. Öğrenciler ve öğretmenler bütün yıl boyunca çok yoruldular. Bazı öğrenciler geçtiler. Bazıları ise kaldılar. Geçenler, yaz tatiline başladılar. Kalanlar ise bu hafta kurslara başlayacaklar. Öğretmenler de çok yoruldu, ama onlar için yaz tatili henüz başlamadı.

Ahmet Bey'in çocukları, sınıflarını geçtiler. Onun için Ahmet Bey onları Avrupa'ya götürmek istiyor. Ama çocuklar Avrupa'yı gördüler. Bu kez başka ülkeleri görmek istiyorlar.

Ahmet Bey bu sabah bankaya gidip yüz milyon lira çekti. Bu kez Orta Doğu'ya bir gezi yapmak istiyorlar. Ahmet bey çocuklara, "Bu kez karşı çıkmak yok. Arabayla gideceğiz". dedi ve çocuklar, "Peki oldu", dediler.

Fakat Ahmet Bey'in küçük kızının nişanlısı, dün akşam annesi ve babası ile beraber Ahmet Beyleri ziyaret etmişler ve düğünün on beş gün içinde yapılmasını istemişlerdi. Ahmet Bey dün akşam evde yoktu. Onun için durumu bilmiyordu. Gezi için otel rezervasyonlarını yaptırmıştı.

Ahmet Bey, eve gelir gelmez durumu öğrendi ve çok üzüldü. Hemen onlara telefon edip durumu anlattı. Zaten bir ay sonra Belediye Başkanı seçimi yapılacaktı. Ahmet bey, Belediye Başkanı adayıydı. O nedenle burada bulunması gerekliydi. Yani düğün bir ay gecikecekti.

Aile, yemekte bu konuyu tartıştı. Ahmet Bey'in kızı, "Ben geziye gitmek istemiyorum. Hemen evlenmek istiyorum," dedi. Sonunda geziden vazgeçtiler. Ve düğün hakkında konuşmaya başladılar.

On beş gün çabuk geçti. Çocuklar evlendiler. Ahmet Bey kızına düğün hediyesi olarak bahçeli bir ev aldı. Çocuğun babası da mavi renkli güzel bir araba aldı. Çocuklar çok memnun oldular. Hemen bir Ortadoğu gezisine çıktılar.

Ahmet Bey düğün için çok para harcamıştı. Onun için eşi ve büyük kızı bu yıl tatil yapamadılar. İstanbul'da, plajlara giderek eğlendiler.

Yeni Kelimeler / Vocabulary

üzere	*about to*
yaz bitmek üzere	*summer is about to end*
kesilmek	*to be cut*
bütün yıl boyunca	*all year long*
yorulmak	*to be tired*
geçenler	*those who pass*
geçmek	*to pass*
kalmak	*to fail*
çekmek	*to withdraw*
Ortadoğu	*Middle East*
karşı çıkmak	*to object*
nişanlı	*fiancee*
düğün	*wedding ceremony*
on beş gün içinde	*in fifteen days*
durum	*situation*
Belediye Başkanı	*mayor*
tartışmak	*do discuss*
evlenmek	*to get married*
vazgeçmek	*to give up*
davetiye	*invitation*
Düğün davetiyesi	*wedding invitation*
düğün hediyesi	*wedding present*
hemen	*right away*
hāla	*still*

Sorular / Questions

1. Mayıs ayında havalar nasıl?
2. Okullar hāla devam ediyor mu?
3. Öğrenciler ve öğretmenler niçin yoruldular?
4. Şİmdi öğrenciler ve öğretmenler ne yapıyorlar?
5. Ahmet Bey çocuklarını nereye götürmek istiyor? Niçin?
6. Çocuklar niçin Avrupa'ya gitmek istemiyorlar?
7. Ahmet Bey bu sabah nereye gitti? Niçin?

8. Onlar tatile nereye gidecekler? Amerika'ya mı yoksa Avrupa'ya mı?
9. Dün akşam Ahmet Beylere kimler geldi? Niçin?
10. Ahmet Bey neredeydi?
11. Düğün, geziden sonra mı yapılacak? Niçin?
12. Ahmet Bey bugün ne yaptı?
13. Ahmet Bey durumu ne zaman öğrendi? Üzüldü mü? Niçin?
14. Ahmet Bey niçin İstanbul'da olmak istiyordu?
15. Ahmet Bey kime telefon etti? Ne dedi?
16. Onlar yemekte neyi tartıştılar?
17. Ahmet Bey'in küçük kızı ne istiyordu?
18. Sonunda ne oldu? Geziye gittiler mi?
19. Geziden vazgeçip ne yaptılar.
20. Çocuklar evlendikten sonra, babaları onlara ne aldı?
21. Ahmet Bey, eşi ve büyük kızı Ortadoğu'ya gittiler mi? Niçin?

Dialogue / Memorize

BİR ARKADAŞI ZİYARET
"A Visit to a Friend"

Biliyorsunuz, Osman New York'a varır varmaz, arkadaşlarına telgraf çekmişti. Arkadaşı, Osman'ın adresini Georgetown Üniversitesi'nden öğrenip Washington'a geldi ve Osman'ın otelini arayıp, buldu. Danışma memurundan kat ve oda numarasını öğrendikten sonra asansöre binip 19'uncu kata çıktı. Kapı zilini çaldı. Çok geçmeden kapı açıldı.

Osman	:	O! Merhaba Mehmet. Hoşgeldin. Seni tekrar görmek ne kadar güzel!
Mehmet	:	Telgrafını beş gün önce aldım, çünkü bir görevle California'ya gitmiştim. Döndüğümde, telgrafını görünce çok sevindim. Daha önce gelemediğim için özür dilerim.
Osman	:	Geldiğine çok memnum oldum. Biz buraya Cuma günü geldik. Cumartesi ve Pazar okullar kapalı olduğu için, bol bol gezdik.
Mehmet	:	Henüz Üniversite'ye gitmedin mi?
Osman	:	Bu sabah gidip, yetkililerle konuştum. Bir hafta sonra bir sınava gireceğim. Ondan sonra da çalışmaya başlayacağım.
Mehmet	:	Çok memnun oldum. Pınar ve çocuklar nerede? Onları da çok özledim.
Osman	:	Onlar alışverişe gittiler. Biraz sonra gelirler. Karnın aç mı? Açsan, ben yemek hazırlayabilirim. Peynir, zeytin, yumurta, tereyağ falan.
Mehmet	:	Karnım aç ama, Pınar'la çocukları bekleyelim. Köşe başında güzel bir lokanta var. Oraya gideceğiz. Benim misafirim olacaksınız bugün.
Osman	:	Ama sen bizim konuğumuzsun.
Mehmet	:	Ben uzun süreden beri buradayım. Onun için ben ev sahibiyim, siz de konuksunuz.
Osman	:	Oldu öyleyse. Bekleyelim. Onlar gelinceye kadar da biraz konuşuruz.

Yeni Kelimeler / Vocabulary

aramak	*to look for*
kapı zili	*door bell*
çalmak	*to ring*
kapı açıldı	*the door was opened*
Seni tekrar görmek ne güzel	*"How nice to see you again"*
görevle	*with a duty*
görevli	*person in charge*
döndüğümde	*when I rêturned*
daha önce	*earlier*
bol bol	*plenty of*
henüz	*yet*
yetki	*authority*

yetkili	*person authorized*
sınava girmek	*to take an exam*
çalışmaya başlamak	*to begin to study (to work, to miss)*
özlemek	*to miss*
Karnın aç mı?	*Are you hungry?*
hazırlamak	*to prepare*
Konuğum olacaksın	*You will be my guest*
uzun süreden beri	*for a long time*
ev sahibi	*host*
ev sahibesi	*hostess*
Oldu öyleyse	*O.K. then*
o zamana kadar	*until then*

Sorular / Questions

1. Osman, New York'a varır varmaz ne yapmıştı?
2. Osman'ın arkadaşı kim?
3. Mehmet, Osman'ın adresini nereden öğrendi?
4. Mehmet oteli bulduktan sonra ne yaptı?
5. Osman, Mehmet'i görünce memnun oldu mu? Ne dedi?
6. Mehmet, Osman'ın telgrafını ne zaman aldı? Niçin?
7. Mehmet, Osman'dan niçin özür diledi?
8. Osman, üniversiteye gitmiş mi? Ne olmuş?
9. Osman ne zaman çalışmaya başlayacak?
10. Pınar ve çocuklar nerede?
11. Osman, Mehmet'e ne hazırlamak istiyor?
12. Mehmet, Osman'a ne teklif etti?
13. Osman ne dedi?
14. Hangisi ev sahibi? Niçin?
15. Sonunda neye karar verdiler?

AVRUPA'YA BİR GEZİ *"A Trip to Europe"*

Ahmet Bey, bu yaz, eşi ve çocuklarıyla beraber bir Avrupa gezisi yapmak istiyordu. Geçen akşam evde televizyon seyrederken bu fikrini eşine ve çocuklarına anlattı. Hepsi çok memnun oldular. Hemen bir plan yaptılar. Önce yeni bir araba almak gerekiyordu. Hep beraber bir Volkswagen almaya karar verdiler. Ertesi gün, sabah erkenden Ahmet Bey bankaya gitti ve bankadaki hesabından tam üç yüz milyon lira aldı. Doğru bir acentaya gitti ve yüz elli milyon lira ödeyip yeni bir araba satın aldı. Akşam üzeri eve döndüğü zaman eşi, "Ben çocuklarla konuştum. Araba ile gitmek istemiyorlar. Uçakla gitmek istiyorlar." dedi.

Ahmet Bey çok kızdı. Çünkü yeni bir araba almıştı ve Avrupa'ya araba ile gitmek istiyordu. Ama çocukları, uçakla gitmek istiyordu. Onun için Türk Hava Yolları Bürosu'na gitti ve uçak biletleri hakkında bilgi istedi. Uçak biletleri çok pahalıydı. Karar veremedi. Vapurla gitmek belki daha ucuz olacaktı. Vapur acentasına telefon ederken, içeri bir arkadaşı girdi. Uzun süreden beri görüşmemişlerdi. O, Ahmet Bey'in çok eski bir arkadaşıydı. Ahmet Bey, "Şimdi nerede çalışıyorsun?" diye sordu. Arkadaşı, "Bir vapur acentasında müdür olarak çalışıyorum" dedi. Ahmet Bey çok memnum oldu ve ona yapmayı düşündüğü Avrupa gezisini anlattı. Arkadaşı hemen bürosuna telefon edip, Ahmet Bey, eşi ve çocukları için yer ayırttı.

Sonunda Ahmet Bey ve ailesi vapurla Avrupa'ya bir aylık bir gezi yaptılar. Avrupa'daki bütün ülkeleri gördüler. Çok para harcamışlardı, ama çok memnundular. Çünkü güzel bir yolculuk yapmışlar ve birçok ilginç yer görmüşlerdi. Fakat Ahmet Bey dönüşte yeni arabasını sattı. Çünkü Avrupa'da parası bitmişti.

Yeni Kelimeler / Vocabulary

acenta	*agency*
bilgi istemek	*to ask for information*
uzun süreden beri	*for a long time*
yer ayırtmak	*to make a reservation*
yolculuk	*voyage, trip*
ilginç	*interesting*
parası bitmek	*to run out of money*

Sorular / Questions

1. Ahmet Bey ne yapmak istiyordu?
2. Bu fikrini eşine ve çocuklarına ne zaman anlattı?
3. Önce ne yapmak lazımdı?
4. Ahmet Bey ertesi gün nereye gitti? Niçin?
5. Ahmet Bey bankadan sonra ne yaptı?
6. Akşam üzeri eve döndüğü zaman eşi, Ahmet Bey'e ne söyledi?
7. Ahmet Bey niçin kızdı?
8. Ahmet Bey niçin Türk Hava Yolları'na gitti?
9. Uçak bileti aldı mı? Niçin?
10. Tam telefon ederken içeri kim girdi?
11. Ahmet Bey arkadaşına ne sordu? Arkadaşı ne dedi?
12. Arkadaşı bir yere telefon etti mi? Niçin?
13. Sonunda Avrupa'ya nasıl gittiler?
14. Avrupa'da ne kadar kaldılar?
15. Avrupa'da nereleri gördüler? Memnun oldular mı?
16. Ahmet Bey dönüşte ne yaptı? Niçin?

TREN İSTASYONU   *"Railway Station"*

— Ankara'ya ilk tren ne zaman?

— Ankara Ekspresi saat 7.55'te kalkar. Aşağı yukarı iki saat var.

— Ondan önce başka tren yok mu?

— Daha önce posta treni var ama, Ankara'ya ekspresten iki saat sonra varır.

— Sanırım beklemem gerekecek. 7.55 için bir bilet istiyorum.

— Buyrun efendim. İstasyonda bir lokanta var. Dilerseniz orada akşam yemeği yiyebilirsiniz.

— Teşekkür ederim. Herhalde yiyeceğim. Bagajımı buraya bırakabilir miyim?

— Bagaj kısmı işte orada, sol tarafta. Bagajınızı oraya bırakabilirsiniz.

— Teşekkür ederim.

— Rica ederim.

Yeni Kelimeler / Vocabulary

ilk tren	*first train*
kalkmak	*to leave, to start off*
önce	*before*
posta treni	*local train*

sanırım	*I think*
beklemem lazım	*I have to wait*
beklemem gerekecek	*I will have to wait*
istasyon	*station*
dilemek, arzu etmek	*to wish*
dilerseniz	*if you wish*
herhalde	*probably*
bagaj	*baggage*
bagaj odası	*baggage room*
işte orada	*there it is*
bırakmak	*to leave*

Okuma / Reading

TREN İSTASYONU   *"Railway Station"*

   Büyük şehirlerdeki tren istasyonları çok büyüktür. Her saat birçok tren gelir ve gider. İstasyonda her zaman yüzlerce insan vardır. Bu yüzden bazı insanlar kaybolur ve bazıları da treni kaçırırlar.

   Yolculuğa çıkmadan önce yer ayırtmak gerekir. Böylece trende bir yeriniz var demektir. Rezervasyonu telefonla yaptırabilirsiniz; fakat bileti bir gün önce almalısınız. Bileti zamanında almazsanız, iptal ederler ve bir başkasına verirler.

   Bagajlarınızı bagaj odasına bırakabilirsiniz. Bagajlarınızı beraberinizde taşımak zorunda değilsiniz.

Yeni Kelimeler / Vocabulary

şehir, kent	*city*
büyük şehirler	*large cities*
her saat	*every hour*

birçok tren	*many trains*
gelir ve gider	*come in and go out*
yüzlerce insan	*hundreds of people*
bu yüzden	*for this reason*
bazı insanlar	*some people*
kaybolmak	*get lost*
kaçırmak	*to miss*
yolculuk	*trip, voyage*
yolculuğa çıkmadan önce	*before taking a trip*
yer ayırtmak	*to make a reservation*
gerekir mi?	*Is it necessary?*
böylece	*so*
yer	*seat*
demektir	*it means*
bir gün önce	*a day before*
zamanında	*on time*
iptal	*cancel*
bir başkasına	*to someone else*
vermek	*to give*
bırakmak	*to leave*
beraberinizde	*with you*
taşımak	*to carry*

Dialogue / Memorize

1. Ankara'ya ilk tren ne zaman?
2. Ankara Ekspresi'nden önce başka tren var mı?
3. Posta treni, Ankara'ya ne zaman varacak?
4. Yolcu, hangi tren için bilet alıyor?
5. Yolcu bagajını nereye bırakmak istiyor? Nereye bırakması gerekir?
6. Büyük kentlerdeki tren istasyonları nasıldır?
7. Çok tren gelir ve gider mi?
8. Bazı insanlar niçin kaybolur veya treni kaçırırlar?
9. Yolculuğa çıkmadan önce ne yaptırmak gerekir?
10. Nasıl yer ayırtabilirsiniz?
11. Bileti ne zaman almalısınız?
12. Bagajlarınızı nereye bırakabilirsiniz?

ARKADAŞIMIN BABASI
"My Friend's Father"

Hüseyin	:	Merhaba Ahmet, acele acele nereye gidiyorsun?
Ahmet	:	Babam ağır hasta. Bir doktor getirmeye gidiyorum.
Hüseyin	:	Geçmiş olsun. Çok üzüldüm. Ben de o tarafa gidiyorum.
Ahmet	:	Beraber gidelim. Biraz konuşalım.
Hüseyin	:	Babanın hastalığı önemli mi?
Ahmet	:	Zannederim çok önemli.
Hüseyin	:	Sen Amerika'da kaldın. İyi ingilizce konuşuyorsun. Niçin babanı Amerikan Hastanesi'ne götürmüyorsun?
Ahmet	:	Götürmek istedim, ama çok para istediler.
Hüseyin	:	Çok yorgun görünüyorsun.
Ahmet	:	Babamın hastalığına çok üzüldüm.

Yeni Kelimeler / Vocabulary

acele	*quick*
acele acele	*quickly, in a hurry*
ağır	*serious, heavy*
getirmek	*to bring*
geçmiş olsun	*get well soon*
uğramak	*to call at, to drop in*
konuşalım	*let's talk*
önemli	*important*
zannederim	*I think*
götürmek	*to take to*
gayet	*extremely*

/DA/ "Also"

— Ben **de** o tarafa gidiyorum.
I am going that way also.

— Siz **de** mi oradan benzin alırsınız?
Do you also buy petrol from there?

Although written separately in normal Turkish orthography, /da/ is a suffix to the preceeding word. It is an unstressable suffix. After a voiceless consonant /-ta/ is used and after a voiced consonant /da/. It indicates "in addition to" "also", "too" and connects the word or phrase to which it is suffixed to something in the preceeding context. When suffixed to predicates, it is also a simple conjunction with the meaning "and" (/gider de yapar/ "he'll go and do") In some contexts of more than one sentence, an appropriate translation is "as for...":

Sen oraya git. Ben **de** burada kalırım.
You got there. As for me, I'll stay here.

Drill on /da/:

Ben **de** oraya gidiyorum.
Siz **de** geliyor musunuz?
Ahmet **de** burada.
Otelin önünde dolmuş **da** var.
Burada **da** bir kalem var.

Noun Relational Suffix /-da/:

Bura**da**	*at this place*
Bura**dan**	*from this place*
Ora**ya**	*to that place*
Ora**dan**	*from that place*

The suffix /-da/ indicates place where: *"in"*, *"at"*, *"on"*

Otelin önün**de**	*in front of the hotel*
Köşe**de**	*on the corner*
Biraz uzak**ta**	*it's a little far*
Nere**de?**	*where is it?*
Sağ taraf**ta**	*on the right*

Köşe başın**da**	*around the corner*
Buralar**da**	*hereabouts*
Sol taraf**ta**	*on the left*

/-da/ *is a stressable suffix. After voiceless consonants it is* **/-ta/**, *after voiced sounds* **/-da/**.

Possesive Compounds

Possesive compounds are very common in the Turkish language. There are three kinds of possesive compounds:

1. Modifier receives no suffix

| tak**ma** diş | *artificial tooth (literal translation: apending tooth)* |
| as**ma** köprü | *suspension bridge* |

2. Modifier receives no suffix while modified does:

| taksi şoför**ü** | *taxi driver* |
| Osmanlı Banka**sı** | *Osmanlı Bank* |

3. Both modifier and modified receive suffixes:

| Atatürk'**ün** evi | *the house of Atatürk* |
| soka**ğın** köşesi | *the corner of the street* |

DRILL on Vocabulary

GAYET
"Extremely, exceedingly"

Ahmet **gayet** iyi bir şoför.	*Ahmet is an extremely good driver.*
Türkçeyi **gayet** iyi konuşuyorsunuz.	*You speak Turkish very well.*
Gayet iyi bir şoförüm var.	*I have an exceedingly good driver.*
Bu restoran **gayet** pahalı.	*This restaurant is extremely expensive*

SABAHLEYİN
"In the morning"

Sabahleyin Ahmet'i gördüm.	*I saw Ahmet in the morning.*
Sabahleyin kahvaltı etmedik.	*We didn't have breakfast in the morning.*
Sabahleyin geciktim.	*I was late this morning.*

YALNIZ
"Only, except, that"

Bugün **yalnız** bir kitap aldım.	*Today I bought only a book.*
Yalnız Türkçe konuşuruz.	*We speak only Turkish.*
Yalnız tercüme ettik.	*We only translated (it).*
Bize **yalnız** Ahmet geldi.	*Only Ahmet came to us.*

GELMEK, GİTMEK   *"To visit, to come to see, to go to see"*

Bu akşam size **geleceğiz.**   *We are coming to (visit) you this evening.*

Akşam Ahmet'e **gittim.**   ***I went to (see) Ahmet'in the evening.***

Yarın bana **gelecekler.**   *They are coming to (see) me tomorrow.*

Akşam ona **gittiler.**   *They went to (visit) her in the evening.*

GÖTÜRMEK *"To take someone or something (to somewhere)"*

Beni sinemaya **götürür** müsünüz?   *Will you take me to the cinema.*

Şu tabakları mutfağa **götürmek istiyorum**   *I want to take these plates to the kitchen.*

Bizi partiye **götürmediler.**   *They didn't take us to the party.*

Onu okula **götürdüm.**   *I took him to school.*

Sizi lokantaya **götüreceğiz.**   ***We are going to take you to a restaurant.***

GETİRMEK *"To bring (something or someone from somewhere)"*

Ayşe küçük kardeşini her gün okula **getirir.**   *Ayşe brings her little. sister to school every day.*

Babam bu akşam tatlı **getirmedi.**   *My father didn't bring any sweets this evening.*

Öğretmen sınav kağıtlarını **getirdi.**   *The teacher brought the test papers.*

Gelecek hafta tenis raketlerimizi **getireceğiz.**   *We shall bring our tennis racquets next week.*

BAKALIM *in the sense of "come on" and "let us"*

Gel **bakalım**, biraz konuşalım.   *Come on, let's talk a bit.*

Gel **bakalım**, bir kahve içelim.   *Come on, let's have a cup of coffee.*

Bir telefon edelim, **bakalım.**   *Let's phone and see.*

Soralım **bakalım.**   *Let's ask and see.*

Bir **bakalım.**   *Let's have a look.*

Yürü **bakalım.**   *Let's see you walk (Let's go).*

AMERİKAN HASTANESİ
"The American Hospital"

Amerikalı : Amerikan Hastanesi'ne gitmek istiyorum, ama nerede olduğunu bilmiyorum. Bana yardım eder misiniz?

İramlı : Çok özür dilerim, fakat ben de yabancıyım ve Amerikan Hastanesi'ni arıyorum. Havaalanından bir taksiye bindim ve buraya geldim.

Amerikalı : Öyleyse şu polise soralım. Birez beklememiz lazım, çünkü polis çok meşgul.

İranlı : Ben İranlıyım ve Türkiye'ye ilk defa geliyorum. Amerikan Hastanesi'ne tayin oldum.

Amerikalı : Ben de ilk defa geliyorum ve doktorum. Burada herhalde birkaç yıl kalacağım. Üç ay sonra eşim ve çocuklarım gelecek

İranlı : Ben de birkaç yıl kalacağım, ama eşim ve çocuklarım gelmeyecek. Çünkü eşim bir okulda öğretmen.

Amerikalı : Şimdi trafik çok az. Polise soralım. Afedersiniz polis bey, Amerikan Hastanesi nerede?

Polis : Doğru gidiniz. Camiden sola dönünüz. Aşağı yukarı on beş metre sonra tekrar sola dönünüz. Sağ tarafta köşede bir pastane var. Onu geçiniz. Biraz ilerde trafik ışığı var. Trafik ışığından sağa dönünüz. Bu Atatürk Bulvarı'dır. Doğru gidiniz. Tam köşede büyük bir heykel var. Heykelin tam arkasında büyük beyaz bir bina var. O Amerikan Hastanesi'dir.

Amerikalı : Çok teşekkür ederim.

Yeni Kelimeler / Vocabulary

· hastane	*hospital*
Amerikan Hastanesi	*American Hospital*
yardım	*help*
yardım etmek	*to help*
Yardım eder misiniz?	*Could you help?*
Yardım edebilir miyim?	*May I help?*
Özür dilerim.	*I am sorry.*
yabancı	*foreigner*
aramak	*to look for*
havaalanı	*airport*
öyleyse	*then*
Beklemem lazım	*I have to wait*
meşgul	*busy*
Nerelisiniz?	*Where are you from?*
ya siz?	*and you?*
İran	*Iran*
İranlı	*Iranian*
ilk defa	*first time*
tayin olmak	*to be assigned*
Soralım.	*Let's ask.*
Doğru gidiniz.	*Go straight*
cami	*mosque*
dönmek	*to turn*
Dönünüz.	*Turn (Imperative Mood, formal)*
tam köşede	*right on the corner*
heykel	*statue*
arkasında	*behind*
tam arkasında	*right behind*
bina	*building*
taşımak	*to carry*

1. Bugün İstanbul'a kim geldi?
2. Nereye gitmek istiyor?
3. Aynı gün İstanbul'a kim geldi?
4. İranlı havaalanından nasıl geldi?
5. Polise Amerikan Hastanesi'ni hemen sordular mı?
6. Amerikalı ve İranlı Türkiye'ye daha önce geldiler mi?
7. Onlar niçin Amerikan Hastanesi'ne gitmek istiyorlar?
8. Amerikalı'nın eşi ve çocukları Türkiye'de mi?
9. Amerikalı'nın, Türkiye'de ne kadar kalacak?
10. İranlı'nın eşi ve çocukları nerede?
11. İranlı Türkiye'de ne kadar kalacak?
12. Amerikan Hastanesi'ni kime sordular?
13. Polis ne dedi?
14. Amerikan Hastanesi nerede?

GRAMER   GRAMMAR

The infinitive verbal noun + İSTEMEK

İstemek *means "to want, to wish, to request" and it occurs with the infinitive verbal noun as its "object" without change in the infinitive form, in other words, there is no relational suffix on the infinitive.The verb* istemek *receives the personal suffixes.*

Gitmek **istiyorum.**	*I want to go.*
Görmek **istedim.**	*I wanted to see.*
Yazmak **ister misiniz.**	*Do you want to write?*
Çay içmek **ister misiniz?**	*Do you want to drink tea?*
Nereye gitmek **istiyorsunuz?**	*Where do you want to go?*
Sizi davet etmek **istiyorum.**	*I want to invite you.*
Bir parti vermek **istiyor.**	*He wants to give a party.*

LET

BASE +	/-E/	+ *Personal suffix*
Gid	e	yim
Gid e yim		*Let me go*
Git sin		*Let him go*
Gid e lim		*Let us go*
Git sinler		*Let them go*

RULE: *Take the base of the verb and add the suffix /-EYİM/ or /-AYIM/ for the first person; /-ELİM/ or /-ALIM/ for the first person plural /İN/ for the second person plural and /-SİNLER/ or /-SINLAR/ for the third person plural.*

Suggestion in first person and request for the third person action:

BASE + /-(y)e + /-yim/	*First person singular.*
BASE + /-(y)e + /-lim/	*First person plural.*
BASE + /-(y)e + /-sin/	*Third person singular.*

Gideyim.	*Let me go.*
Okuyayım.	*Let me read*
Yazayım.	*Let me write.*
Göreyim mi?	*Shall I see?*
Okuyalım mı?	*Let us read*
Yazalım.	*Let us write.*
Görelim mi?	*Shall we see?*
İçelim mi?	*Shall we drink?*
Okusun.	*Let him read.*
Yazsın.	*Let him write.*
Görsün mü?	*Should he see?*
İçsin mi?	*Should he drink?*

Random Substitution Drill
Example

Yarın sinemaya gidelim mi?
Shall we go to the cinema tomorrow?

Clue	Pattern
Tiyatro	Yarın **tiyatro**ya gide**lim** mi?
Beraber	Yarın **beraber** tiyatroya gide**lim** mi?
Bu akşam	**Bu akşam** tiyatroya gide**lim** mi?
Onlarla	**Onlarla** tiyatroya gide**lim** mi?
Çarşıya	Onlarla **çarşıya** gide**lim** mi?

MUST, HAVE TO

BASE + */-MALI -(MELİ)/* + *Personal suffix*

Git	meli	(y)im

Git	**meli**	**yim.**	*I must go.*
Gel	**meli**	**yim**	*I have to come.*
Bak	**malı**	**yım.**	*I should look.*
Kal	**malı**	**yım.**	*I ought to stay.*

MUST HAVE TO: LAZIM

Infinitive without (k) + Possesive suffix + LAZIM

	Gitme	**m**	**lazım.**
Negative:	Gitme	**m**	**lazım değil.**

G i t m e **m**	lazım	*I have to go.*
G i t m e **n**	lazım	*Yo have to go.*
G i t m **esi**	lazım	*He (she) has to go.*
G i t m **emiz**	lazım	*We have to go.*
G i t m **eniz**	lazım	*You have to go.*
G i t m **eleri**	lazım	*They have to go.*

MUST HAVE TO: GEREK

Infinitive without **(k)** + Possesive suffix + **GEREK**

Gitme		m	**GEREK**

The pattern for **GEREK** *(all forms) is the same as the pattern for* **LAZIM.**

Affirmative	*Negative*
GEREK	GEREK DEĞİL
GEREKİYOR	GEREKMİYOR
GEREKİR	GEREKMEZ
GEREKLİ	GEREKLİ DEĞİL

NEED: İHTİYACI OLMAK

Ayla'nın paraya **ihtiyacı var.**
Ayla needs (is in need of) money.

Ayla'nın paraya **ihtiyacı yok.**
Ayla doesn't need (is not in need of) money.

Yeni bir şemsiyeye **ihtiyacım yok.**
I don't need a new umbrella.

Neye **ihtiyacınız var.**
What do you need?

Hiç bir şeye **ihtiyacım yok.**
I need nothing.

Yeni otobüslere **ihtiyacımız var.**
We need new buses.

Onların yeni mobilyaya **ihtiyacı var mı?**
Do they need new furniture?

Yeni bir araba almaya **ihtiyacımız yok.**
You don't need to buy a new car.

Sizin bu parayı harcamaya **ihtiyacınız var mı?**
Do you need to spend this money?

NOTE: *"Lazım" and "gerek" can also be used in the sentences above.*

Interjections with NE *"What"*

Ne tesadüf!	*What a coincidence!*
Ne yazık!	*What a pity?*
Ne güzel bir kız!	*What a beautiful girl!*
Ne büyük bir bina!	*What a big building!*

akraba	*relative*
ameliyat etmek	*to operate*
ameliyat olmak	*to be operated*
an	*moment*
aptal	*stupid*
lastik	*tyre*
iç lastik	*tube (of a tyre)*
heyecanlı	*excited*
hesap	*bill*
arıza	*defect, failure*
artık	*any more, any longer (negative)*
bıkmak	*to be tired of*
bozulmak	*to break down*
çarpmak	*to hit*
durum	*situation*
gerçekten	*really*
henüz	*yet*
hâla	*still*
yünlü	*woolen*
yedek	*spare*
usta	*foreman, master*
tepsi	*tray*
tercüman	*interpreter, translator.*
ikram etmek	*to offer*
eklemek, ilave etmek	*to add*

MANAV   "Greengrocer"

Manav	:	Buyrun efendim, hoşgeldiniz.
Müşteri	:	Merhaba. Biraz meyve ve sebze almak istiyorum.
Manav	:	Meyve ve sebzelerim çok taze. Ne almak istiyorsunuz?
Müşteri	:	Elma, şeftali, portakal almak istiyorum. Fiyatlar nasıl?
Manav	:	Elma kırk bin lira, şeftali yüz bin lira, portakal elli bin lira.
Müşteri	:	Çok pahalı. Öbür manav daha ucuz.
Manav	:	Haklısınız ama, bu meyveler çok güzel ve çok taze.
Müşteri	:	Peki öyleyse; bir kilo elma, bir kilo şeftali ve bir kilo portakal lütfen.

Manav	:	Peki efendim, fakat kiraz ve çilek de çok taze. Bu sabah geldi.
Müşteri	:	Başka meyve istemiyorum. Biraz da sebze almak istiyorum. Neler var?
Manav	:	Sebze olarak; ıspanak, lahana, havuç, pırasa, biber, domates ve patlıcan var.
Müşteri	:	Soğan ve patates yok mu? Bir kilo soğan ve bir kilo patates istiyorum. Ayrıca, bir demet havuç ve bir demet maydanoz istiyorum.
Manav	:	İşte efendim, buyrun. Hepsi hazır.
Müşteri	:	Borcum ne kadar?

Manav	:	Bir kilo elma	40.000 lira
		İki kilo şeftali	200.000 lira
		Bir kilo portakal	50.000 lira
		Bir kilo soğan	20.000 lira
		Bir kilo patates	15.000 lira
		Bir demet havuç	20.000 lira
		Bir demet maydanoz	15.000 lira
		Hepsi	360.000 lira

Müşteri	:	Buyrun efendim. Çok teşekkür ederim. Allahaısmarladık.
Manav	:	Ben teşekkür ederim. Yine bekleriz.

Yeni Kelimeler / Vocabulary

meyve	*fruit*
sebze	*vegetable*
taze	*fresh*
elma	*apple*
şeftali	*peach*
portakal	*orange*
pahalı	*expensive*
öbür	*the other*
peki öyleyse	*O.K. then!*
biraz	*a little*
Neler var?	*What are there?*
	What do you have?
ıspanak	*spinach*
lahana	*cabbage*
havuç	*carrot*
pırasa	*leek*

biber	*pepper*
domates	*tomato*
soğan	*onion*
patates	*potato*
demet	*bunch*
bir demet havuç	*a bunch of carrots*
yine bekleriz	*come again*

Bakkal / Grocer

Bakkal : Günaydın efendim. Buyrun, size yardım edebilir miyim?
Müşteri : Bazı şeyler almak istiyorum. İki paket makarna, bir kilo pirinç, bir paket tereyağ.
Bakkal : Makarna ve pirinç var ama, paket tereyağ yok.
Müşteri : O zaman, yarım kilo tereyağ lütfen. Ha! Unuttum. Bir kutu Pınar yoğurdu, bir paket sade bisküvi ve süt istiyorum.
Bakkal : Süt taze değil.
Müşteri : Öyleyse süt kalsın.
Bakkal : Buyrun, hepsi hazır.
Müşteri : Borcum ne kadar?
Bakkal : Hepsi üç yüz elli bin lira.
Müşteri : Teşekkür ederim. Hoşçakalın.
Bakkal : Ben teşekkür ederim. Yine bekleriz.

Yeni Kelimeler / Vocabulary

Size yardım edebilir miyim?	*May I help you?*
paket	*package*
makarna	*macaroni*
pirinç	*rice*
tereyağ	*butter*
yoğurt	*yoghurt*
bisküvi	*biscuit*
Borcum ne kadar?	*How much do I owe you?*

Kasap / Butcher

Müşteri : İyi akşamlar. Taze etiniz var mı?

Kasap : Tabi, ne istiyorsunuz?

Müşteri : Bu akşam misafirim var. Yarım kilo yağsız kıyma ve bir kilo pirzola istyorum.

Kasap : Yarım kilo kıyma ve bir kilo pirzola tamam. Fakat bonfile ve parça et çok taze.

Müşteri : Peki öyleyse, bir kilo bonfile ve bir buçuk kilo da parça et verin.

Kasap : Çorba için kemik istemiz misiniz?

Müşteri : Çok memnum olurum. Borcum ne kadar?

Kasap : İki milyon lira.

Müşteri : Buyrun. Teşekkür ederim.

Yeni Kelimeler / Vocabulary

et	*meat*
kıyma	*minced meat*
yağsız kıyma	*minced meat without fat*
pirzola	*chop, cutlet*
bonfile	*sirloin steak*
parça et	*pieces of meat*
kemik	*bone*
memnun olurum	*I'll be glad*

Eczane / "Pharmacy"

Eczacı : Buyrun efendim. Sizin için ne yapabilirim?
Müşteri : Aspirin, C Vitamini ve bir kutu antibiyotik almak istiyorum.
Eczacı : Neyiniz var? Doktora gittiniz mi?
Müşteri : Hastayım. Başım ağırıyor.
Eczacı : Reçeteniz var mı?
Müşteri : Evet var.
Eczacı : Tansiyonunuz kaç?
Müşteri : Bilmiyorum.
Eczacı : Ölçeyim mi?
Müşteri : Lütfen.
Eczacı : Evet, tansiyonunuz yüksek. Buyrun ilaçlarınızı.

373

Müşteri	:	Teşekkür ederim. Bir diş fırçası ve bir tüp diş macunu istiyorum.
Eczacı	:	Ne renk istiyorsunuz? Kırmızı mı mavi mi, yeşil mi?
Müşteri	:	Sarı lütfen.
Eczacı	:	Sarı yok, maalesef.
Müşteri	:	Kırmızı lütfen.
Eczacı	:	Buyrun hepsi burada.
Müşteri	:	Teşekkür ederim. Borcum ne kadar?
Eczacı	:	Hepsi bir milyon yüz bin lira.
Müşteri	:	Buyrun, hoşçakalın.
Eczacı	:	Güle güle.

Yeni Kelimeler / Vocabulary

kutu	*box*
Neyiniz var?	*What's the matter with you?*
hastayım	*I am sick*
başım ağrıyor	*I have a headache*
Reçeteniz var mı?	*Do you have a prescription?*
tansiyon	*blood pressure*
ölçmek	*to measure, to gauge*
yüksek	*high*
ilaç	*medicine*
diş fırçası	*toothbrush*
diş macunu	*toothpaste*
tüp	*tube*
renk	*colour*
kırmızı	*red*
mavi	*blue*
yeşil	*green*
sarı	*yellow*

Ali	:	Alo! Ben Ali, Ayşe ile konuşmak istiyorum.
Bir ses	:	Burada Ayşe yok. Hangi numarayı aradınız?
Ali	:	522 42 18
Bir ses	:	Yanlış numara. Burası 522 52 18
Ali	:	Özür dilerim.
Bir ses	:	Rica ederim.

Ali	:	Alo! Ben Ali. Ayşe ile konuşmak istiyorum.
Ayşe	:	Günaydın Ali. Ben Ayşe. Nasılsın?
Ali	:	İyiyim, teşekkür ederim. Kocan evde mi. biraz konuşmak istiyorum.
Ayşe	:	Şu anda evde yok ama biraz sonra dönecek.
Ali	:	Bir mesaj bırakabilir miyim?
Ayşe	:	Tabi. Yazıyorum.
Ali	:	Yarın öğlen onunla benim ofisimde konuşmak istiyorum. Onu saat tam on ikide bekliyorum.
Ayşe	:	Peki, söylerim.
Ali	:	Teşekkür ederim. Hoşça kal.
Ayşe	:	Güle güle. İyi akşamlar.

Yeni Kelimeler / Vocabulary

konuşmak	*to speak*
istemek	*to want*
Konuşmak istiyorum	*I want to talk*
aramak	*to look for*
yanlış	*wrong*
yanlış numara	*wrong number*
şu anda	*right now*
dönmek	*to return*
mesaj	*message*
bırakmak	*to leave*
yazmak	*to write*
yarın	*tomorrow*
öğlen	*noon*
ofisimde	*in my office*
tam	*exactly*
beklemek	*to wait for*
peki söylerim	*O.K.I'll tell him.*

Mehmet : Alo! Santral mı?
Ses : Evet, buyrun.
Mehmet : Telefon numaram 337 80 13. Ankara ile konuşmak istiyorum. Nasıl konuşabilirim?
Santral : Önce 0 numarayı çevirin ve bir ses gelince o şehrin kod numarasını çevirin, sonrada aradığımız numarayı çevirin. Hat meşgul değilse hemen görüşebilirsiniz.
Mehmet : Telefon kulübesinden telefon ediyorsam ne yapmam lazım?
Santral : O zaman jeton kullanacaksınız.
Mehmet : Teşekkür ederim.

santral	*operator*
telefon numarası	*telephone number*
çevirmek	*to dial*
hat meşgul	*the line is busy*

Dialogue / Memorize

Kısa Bir Ziyaret
"A Brief Visit"

Ahmet : Merhaba Hüseyin. İçeri gir. Sen tekrar gördüğüme memnun oldum.

Hüseyin : Merhaba Ahmetçiğim. Çok teşekkür ederim, ama uzun süre kalamayacağım. Çünkü eşim ve kızkardeşim çarşıda alışveriş yapıyorlar. Yarım saat içinde onları almam lazım.

Ahmet : Öyleyse bir fincan kahve için zamanın var, değil mi? Şimdi hemen hazırlarım.

Hüseyin : Memnun olurum. Ailen nasıl?

Ahmet : Eşim ve çocuklarım öğleden sonra saat ikide sinemaya gittiler. Çok güzel bir macera filmi varmış. Çocuklar macera filmlerini çok seviyorlar.

Hüseyin : Eşim ve ben geçen gün uzun uzun sizden söz ettik. Gelecek Cumartesi akşamı sizi ziyaret edebilir miyiz?

Ahmet : Çok memnun oluruz.

Yeni Kelimeler / Vocabulary

İçeri gir	*Come in*
Pardesünü alayım	*Let me take your coat.*
Seni tekrar gördüğüme	*I am very glad to see you*
memnun oldum	*again*
kalırım	*I stay*
kalıyorum.	*I am staying.*
kalacağım.	*I shall stay.*
kalabileceğim.	*I will be able to stay.*
bir fincan kahve	*a cup of coffee*
hemen şimdi	*right now*
hazırlamak	*to prepare*
macera	*adventure*
ziyaret etmek	*to visit*
söz etmek	*to talk about*

Sorular / Questions

1. Ahmet kiminle karşılaştı? Ona neler söyledi?

2. Hüseyin kimi ziyaret etti? Uzun süre oturup konuştular mı? Niçin?

3. Çarşıda kimler alışveriş yapıyorlar? Onları kim alacak?

4. Ahmet, Hüseyin'e ne teklif etti?

5. Ahmet'in eşi ve çocukları evde mi? Nereye gittiler?

6. Kim macera filmlerini seviyor?

7. Gelecek Cumartesi akşamı ne olacak?

8. Bu kısa ziyaret anlatabilir misiniz?

BİR ZİYARET   *"A Visit"*

Hüseyin, Cumartesi günü işinden biraz erken döndü. O gün Ahmetlere bir ziyaret yapacaklardı. Hazırlandılar. Hüseyin arabayı garajdan çıkardı ve evin önüne getirdi. Tam o sırada eşi pencereden Hüseyin'e, "Gitmeden önce bir telefon edelim" dedi. Eşi telefon ederken, Hüseyin arabada bekledi. İki, üç dakika sonra eşi dışarı çıktı ve "Telefon sürekli meşgul, herhalde evdedirler. Haydi gidelim," dedi ve yola çıktılar.

O gün Cumartesi'ydi ve caddeler çok kalabalıktı. Hüseyin eşine birşey anlatıyordu. Birdenbire bir kamyon sağ taraftan Hüseyin'in arabasına çarptı. Hüseyin'in eşi yaralandı. Bir trafik polisi onu derhal hastaneye götürdü. İlk yardım kısmında tedavi edildi. Bir iki dakika sonra Hüseyin de hastaneye gelmişti. Eşini aldı ve bir taksiyle Ahmetlere gittiler. Arabası tamirciydeydi.

Yeni Kelimeler / Vocabulary

biraz daha erken	*a little earlier*
garaj	*garage*
tam o sırada	*right at that moment*
sürekli	*constantly*
pencereden	*out of the window*
yola çıkmak	*to set off*
kalabalık	*crowded*
birdenbire	*suddenly*
kamyon	*truck*
çarpmak	*hit*
yaralanmak	*to be wounded*
ilk yardım	*first aid*
tamirci	*repair shop*
tedavi	*treatment*

Sorular / Questions

1. Hüseyin, Cumartesi günü işinden ne zaman döndü?
2. Hüseyin arabayı nereden aldı ve nereye getirdi?
3. Hüseyin'in eşi pencereden ne söyledi?
4. Hüseyin'in eşi telefon ederken, Hüseyin ne yaptı?
5. Hüseyin'in eşi telefonla konuşamadı mı? Niçin?
6. Caddeler kalabalık mıydı? Niçin?
7. Hüseyin arabada ne yapıyordu?
8. Birdenbire ne oldu?
9. Hüseyin'in eşini kim nereye götürdü? Niçin?
10. Hüseyin ve eşi niçin taksiyle Ahmetlere gittiler?

BİR DOĞUMGÜNÜ PARTİSİ
"A Birthday Party"

O gün eve erken döndüm. Küçük kızımın doğum günüydü. Arabamı park ettikten sonra, kızım için aldığım hediyeyi arabadan aldım ve köşe başındaki evime geldim. Kapının zilini çaldım, fakat kapıyı açmadılar. İçerden çok gürültü geliyordu. Tekrar çaldım. Bu sefer açtılar. Kızım beni karşıladı ve "Hoş geldin, babacığım, gelmeyeceksin zannetmiştim." dedi. "İşim vardı. Trafik çok kalabalıktı. Onun için biraz geciktim. Özür dilerim," dedim.

Kızımın hediyesini verdim. Heyecanlı bir şekilde paketi açtı ve "Çok memnun oldum, babacığım. Çok teşekkür ederim," dedi ve arkadaşlarının yanına koşup, hediyeyi onlara gösterdi.

Eşim masayı hazırlamıştı. Masanın üstünde üç katlı çikolotalı bir pasta duruyordu. Pastanın üstünde on tane mum vardı. Eşim mutfakta birşeyler hazırlıyordu. Salonda otuzdan fazla çocuk vardı ve hepsi dans ediyorlardı.

Arkadaşları çok güzel hediyeler getirmişlerdi. Kızım çok memnun oldu ve hepsine teşekkür etti. Akşam üzeri arkadaşları, saat yedide evlerine gittiler.

Aynı gün akşam yemeğine, birkaç aile dostumuzu davet etmiştik. Saat sekiz buçukta onlar geldiler. Eşim çok güzel ve lezzetli yemekler yapmıştı. Hep beraber yedik ve biraz da içki içtik. Sonuç olarak gündüz çocuklar, gece büyükler eğlendiler ve gerçekten çok güzel ve unutulmaz bir doğumgünü partisi oldu.

Sorular / Questions

1. O gün eve niçin erken döndüm?

2. Evim nerede?

3. Arabadan ne aldım?

4. Hediyeyi arabadan ne zaman aldım?

5. Kapıda ne yaptım?

6. Niçin kapıyı açmadılar?

7. Kapıda beni kim karşıladı ve bana ne dedi?

8. Ben kızımdan niçin özür diledim?

9. Kızım nereye koştu?

10. Kızım hediye paketini nasıl açtı?

11. Niçin arkadaşlarının yanına koştu?

12. Masayı kim hazırladı?

13. Masanın üstünde ne vardı?

14. Pastanın üstünde ne vardı?

15. Mutfakta kim vardı ve ne yapıyordu?

16. Salonda kimler vardı. Kaç kişiydiler ve ne yapıyorlardı?

17. Hepimiz nerede toplandık?

18. Hangi şarkıyı söyledik?

19. Şarkıdan sonra kızım ne yaptı?

20. Kızımın arkadaşları o gece bizde kaldılar mı?

21. Aynı gün akşamı bizim evde ne vardı?

22. Misafirler ne zaman geldiler?

23. Yemekler nasıldı ve kim yapmıştı?

24. Netice olarak ne oldu?

doğumgünü	*birthday*
hediye	*present*
zil	*bell*
zili çalmak	*to ring the bell*
gürültü	*noise*
tekrar	*again*
bu sefer	*this time*
özür dilerim	*I am sorry*
heyecanlı	*exciting, excited*
paket	*package*
koşmak	*to run*
göstermek	*to show*
masayı hazırlamak	*to set the table*
üç katlı	*three-layerd*
mum	*candle*
-den fazla	*more than*
otuzdan fazla	*more than thirty*
dans etmek	*to dance*
çevresinde	*around*
toplanmak	*to get together*
Doğumgünün kutlu olsun	*Happy Birthday to you*
üflemek	*to blow*
kesmek	*to cut*
bıçak	*knife*
aynı gün	*the same day*
akşam yemeği	*dinner*
aile dostu	*family*
davet etmek	*to invite*
gerçekten	*really*
unutulmaz	*unforgettable*

MEKTUP ÖRNEKLERİ

I   tarih, yer

Sevgili Ann;

New York'tan geçen ay yolladığın mektubunu dün aldım. Çok sevindim. Teşekkür ederim.

Verdiğin haberler çok güzeldi. Özellikle okulunu bitirdiğine memnun oldum. Kutlarım.

Umarım; annen, baban, kardeşlerin ve sen iyisiniz, mutlusunuz.

Şimdi, Türkiye'de olduğu gibi, orada da okullar tatil. Herhalde geçen yıllardaki gibi tatilini denize girmek, sinemaya gitmek, kitap okumakla ve arkadaşlarınla dolaşarak geçiriyorsun. Başka neler yapıyorsun? Arkadaşlarımız neler yapıyor? Colin'i yakında gördün mü?

Ben iyiyim. Bir süre önce Antalya'dan döndüm. Orada çok güzel günler geçirdim. Çok sıcak vardı, ama deniz ve kent çok güzeldi. Ayrıca o bölgede Side, Kemer, Düden ve Aspendos'u dolaştım. Bu günlerde kitap okuyorum. Akşam üzeri de bisiklete biniyorum.

İstanbul çok güzel ve büyük bir kent. Daha her yeri görmedim. Hafta sonları müzeleri ve tarihi eserleri dolaşıyorum. Boğaziçi ve Adalar harika. Dün akşam ailemle Emirgan'da çay içtik.

Burada yeni arkadaşlar edindim. Nilgün, Onur ve Mine ile iyi arkadaşız. Onlar bana çabuk alıştılar. Zaten aynı yaşlardayız. Aynı okula gideceğiz.

Haberler bu kadar. Senden mektuplar bekliyorum. İstanbul'dan sana ve ailene en iyi dilekler.

Sevgilerimle.   Arkadaşın Price

Sevgili Barbara:
(Değerli)

Mektubunu önceki gün aldım. Çok sevindim. Teşekkür ederim.

Haberlerin çok güzeldi. Sınıfını başarıyla geçmene memnun oldum. Fotoğrafını da beğendim. İki yılda oldukça değişmişsin.

Nasılsın? Annen, baban, kardeşlerin iyiler mi?

Ben ve ailem iyiyiz. Ben iki ay önce bir mağazada çalışmaya başladım. Sabahları erken kalkıp işime gidiyorum. Ayrıca bir süre önce bahçeli bir eve taşındık. Akşamları ve tatil günleri orada oturuyoruz.

Okullar tatil. Günlerin nasıl geçiyor? Gezilere çıkıyor musun? Türkiye'ye gelmek istiyor musun? Herhalde Türkiye'yi ve İstanbul'u beğenirsin. İstanbul çok kalabalık ve gürültülü. Ama alışırsın. Boğaziçi ve Adalar çok güzel. Ayrıca kentte çok fazla tarihi eser var. Müze ve cami de çok.

Tatil bitince, mağazadaki işim de bitecek ve okula döneceğim. Şimdiden arkadaşlarımı çok özledim. Bazılarını görüyorum. Dün Ahmet bize geldi. Beğendiği bir kitabı verdi. Biraz konuştuk. Gelecek hafta uğrayacak.

Şimdilik bu kadar. İstanbul'dan en iyi dileklerimi sunuyorum. Ailene saygılar.

Sevgilerimle

Arkadaşın Chelsea

DİLEKÇE ÖRNEKLERİ

24 Ağustos 1984
İstanbul

İçişleri Bakanlığı'na
Ankara

1993 yılı Eylül ayından beri Türkiye'de, Üsküdar Amerikan Kız Lisesi'nde matematik öğretmeni olarak çalışıyorum. Türkiye'de çalışma iznimin Eylül ayından başlayarak iki yıl süreyle yeniden uzatılmasını saygılarımla dilerim.

Ad, Soyadı
pul
imza

Adres:
Alison Stendahl
Üsküdar Amerikan Kız Lisesi
İstanbul

---

30 Ağustos 1995
İstanbul

Gümrük Başmüdürlüğü'ne
İstanbul

A.B.D. San Francisco kentinden adıma yollanan koliyi almak istiyorum. Gereğinin yapılmasını saygılarımla dilerim.

Ad, soyadı
pul
imza

Adres:
Carol Garn
Bağlarbaşı Cad. No 34/7
Üsküdar İstanbul

4 Eylül 1995
İstanbul

Arnavutköy Muhtarlığı'na
İstanbul

Arnavutköy I. Cadde 76 numaralı evde oturmaktayım. Çalıştığım yerden "İkametgah İlmuhaberi" istenmektedir. Düzenlenerek verilmesini dilerim.

Saygılarımla

Ad, soyadı
pul
imza

Adres:
Catherine Debbage
I. Cadde No. 76
Arnavutköy, İstanbul

TELGRAF ÖRNEKLERİ

Türü: Normal
Acele
Yıldırım
(X 1)

Sayın Paul Miller
335 East 30th St.
New York- U.S.A.

3 Eylül Pazartesi günü saat 18:30'da Delta uçağı ile İstanbul'dan ay-rılıyorum. New York havaalanında karşılayınız. Selamlar.

Price Mason

Adres: (x 2)
Price Mason
İstiklal Cad. 79/3
Beyoğlu-İstanbul

                                          Türü: Normal
                                            Acele Y
                                            Yıldırım
                                            (x 1)

Sayın Martha Debbage
411 East 23th St.
Los Angeles U.S.A.

Sevgili Martha; doğum gününü kutlar, sağlık, başarı ve mutluluklar di-
lerim.

Sevgiler

                                          Anna Debbage

Adres: (x 2)
A. Debbage
3. Cad. 115-4
Kadıköy-İstanbul

(x 1) Hangisi isteniyorsa sadece o yazılıyor.
(x 2) Adres mutlaka yazılıyor. Ama karşıdaki biliyorsa üstten bir çizgi ile
       ayrılır. Böylece ücret ödenmez.
(x 3) Hangisi isteniyorsa.

Türü: Normal
        Acele
        Yıldırım
        (x 1)

Sayın Catherine Debbage
P.O. Box 287
New York- U.S.A.

İstediğiniz kitabı /paketi/eşyayı/ v.s. (x 3) 19 Ağustos günü KLM uçağı ile adınıza postaladım. Havalanında kargo servisinden alınız. Selamlar.

Carol Garn

Adres: (x 2)
Carol Garn
P.K. 117
Üsküdar-İstanbul

APPENDIX

YARARLI DEYİMLER
USEFUL EXPRESSIONS

Araba bozuk.	*The Car is out of order.*
Yol bozuk.	*The road is bad.*
Yumurta bozuk.	*The egg is bad.*
Yumurta çürük.	*The egg is rotten.*
Çürük bir dişim var.	*I have a bad (decayed) tooth.*
Bozuk paranız var mı?	*Do you have change?*
Lütfen bozuk para veriniz.	*Please pay in small change.*
Bozuk yok.	*I don't have any change.*
İçeri nasıl gireceğim?	*How shall I let myself in?*
Bitişik komşu.	*Next-door neighbour.*
Bitişikte oturuyor.	*He lives next door.*
Seni dört gözle bekliyorum.	*I am looking forward to seeing you.*
Seni bekliyorum.	*I am waiting (expecting) for you.*
Haklısın.	*You're right.*
Doğru.	*That's right.*
Sağda.	*On the right.*
Sağdan gidiniz.	*Keep to the right.*
İyi/Doğru/Oldu/Tamam	*That's alright.*
Zarar yok/Farketmez	*No matter.*
İyi misiniz?	*Are you alright?*
İyiyim.	*I'm alright.*
Bu olur mu?	*Is this alright?*
Olur.	*Yes, that's alright.*
Bu olmaz.	*No, this won't go (match, suit, fit).*
Ne haber? Ne var, ne yok?	*Hello, how is everything?*

İyilik	*Fine.*
Üstü kalsın	*Keep the change.*
Bu arada	*By the way*
Böyle yapılır	*This is the way to do it.*
Onlar iyi geçiniyorlar	*They are getting on well.*
Seni ilgilendirmez.	*It has nothing do to with you (it is none of your business)!*
Onunla ilgim yok	*I have nothing to do with him, her, it.*
Bütün gün	*All day long, the whole day.*
Günler geçtikçe	*Day by day.*
Günlerce	*For days*
Zaman geçtikçe (zamanla)	*As time goes by, by and by*
Bence..	*In my opinion*
Uzun zamandır..	*For ages..*
Beni düşünmeyin.	*Don't mind me.*
Bu odada bu masaya yer yok.	*There is no room for this table in this room.*
Nasıl bir kız?	*What is she like?*
Bana iyi gelir.	*It does me good.*
Bana bir iyilik yapar mısınız?	*Will you do me a fovour?*
Elimden geleni yaptım	*I did my best.*
O çıktı.	*She (he) is out (of, gone out.).*
Beş dakikaya kadar gelir.	*she'll (he"ll) be back in 5 minutes.*
Neyiniz var?	*What's the matter with you?*
Bir şeyim yok.	*Nothing.*
İyi, devam edin.	*Alright, go on.*
Haydi	*Come on (along).*
İşte burada (orada).	*Here (there) you are (it is).*
Bana haber verir misiniz?	*Will you let me know?*
Sıra kimde	*Whose turn is it?*
Sıra bende.	*It is my turn.*
Sıra sizde değil.	*It's not your turn.*

Karşılığında	*In return*
Hat meşgul.	*The line is busy.*
Sıraya girin, lütfen.	*Get in line, please.*
Kuyruk var.	*There is a queue.*
Parasızım.	*I am broke.*
Ali evlenecek yaşta.	*Ali is old enough to marry.*
Bir şekilde	*In one way or another*
Öyle yapma.	*Don't do it that way.*
Böyle yap.	*Do it like this.*
Ben eve giderken.	*On my way home.*
Bu taraftan, lütfen.	*This way, please.*
Bunun başka yolu yok.	*There is no other way than this.*
Başka çarem yok.	*I have no other way (choice).*
Çaresizim (Çaresiz kaldım).	*I am helpless.*
Acele acele, aceleyle.	*Hastily.*
Telgraf acele.	*The telegram is urgent.*
Acele telgraf.	*Urgent telegram.*
Acelesi ne? (Ne acelesi var?)	*Why hurry?*
Bunun neresi komik?	*What's so funny about it?*
Kolay gelsin.	*May it come easy.*
Allah korusun. Allah esirgesin	*May god protect (you).*
Allah vermesin.	*May God gorbid.*
Allah cezasını versin.	*May Devil take care.*
Allah kolaylık versin.	*May God help you.*
Allah sabır versin.	*May God give (you, him) patience.*
Allah affetsin.	*May God forgive (you, him).*
Tebrik ederim.	*Congratulations.*
Yeni yılınız (Bayramınız) kutlu olsun	*I wish you a happy New Year (Bayram)*
Şerefe!	*Cheers!*
Afiyet olsun.	*Enjoy your food.*
Müjde!	*Good news!*

Çok yaşayın. Siz de görün.	*Bless you. You, too.*
Geçmiş olsun.	*May you get well soon.*
İyi yolculuklar.	*Farewell (Have a nice trip).*
Başınız sağ olsun.	*My condolences.*
Ne demek istiyorsun?	*What do you mean?*
Yani..	*I mean..*
Eğlendiniz mi?	*Did you have fun?*
İyi vakit geçirdiniz mi?	*Did you have a good time?*
İyi görünüyor.	*It seems good.*
Bana öyle geliyor ki...	*I seems to me that...*
Sanırım hatırlıyorum	*I seem to recall.*
(Hatırlar gibi oluyorum)	
Eninde sonunda...	*Sooner or later...*
Yavaş yavaş (giderek)...	*By and by...*
Şöyle böyle	*So so, more or less*
Yan yana	*Side by side*
Arka arkaya	*One after another*
Üst üste	*On top of one another*
Şundan bundan konuştuk.	*We talked about anything and everything.*
Ali'ye rastladım.	*I came across Ali, I ran into Ali.*
Benimle alay ediyor.	*She makes fun to date*
Son moda.	*Latest fashion, up-to date.*
Modası geçmiş.	*Old-fashioned, out-of-date.*
Eski kafalı adam	*An old-fashioned man*
Çok naziksiniz.	*It is veriy kind of you.*
Benim için farketmez.	*I don't mind (care), (bother).*
Aklını başına topla. (Kararını ver.)	*Make up your mind.*
Bir bahane bul.	*Make up an excuse.*
Şansınızı deneyin	*Take your chance.*
Kendiniz seçin.	*Make your choice.*
Allah aşkına!	*For goodness sake!*
Bunu yapmaya değer.	*It is worth (doing).*

Vazgeçtim.	*I changed my mind*
Elele-kolkola	*Hand-in-hand, arm-in-arm*
Bu olur mu?	*Will this do?*
Bu olmaz / olur.	*That won't do (will do).*
Ne faydası var?	*What's the use?*
İnkar etmenin ne faydası var?	*What's the use of denying?*
İnkar etmekte fayda yok.	*No use in denying it.*
Faydasız.	*That's useless.*
Acele etmeyin.	*Don't hurry.*